中国建筑金融
指数报告
（2016—2020）

Report on the Financial Index of the
Chinese Construction Industry

周新苗等　编著

ZHEJIANG UNIVERSITY PRESS
浙江大学出版社
·杭州·

图书在版编目（CIP）数据

中国建筑金融指数报告. 2016—2020 / 周新苗等编著
. -- 杭州：浙江大学出版社，2023.9
ISBN 978-7-308-24087-1

Ⅰ.①中… Ⅱ.①周… Ⅲ.①建筑业—金融—研究报
告—中国—2016-2020 Ⅳ.①F426.9

中国国家版本馆CIP数据核字(2023)第150632号

中国建筑金融指数报告（2016—2020）

ZHONGGUO JIANZHU JINRONG ZHISHU BAOGAO (2016–2020)

周新苗等　编著

责任编辑	赵　静	
责任校对	胡　畔	
封面设计	林智广告	
出版发行	浙江大学出版社	
	（杭州市天目山路148号　　邮政编码　310007）	
	（网址：http://www.zjupress.com）	
排　　版	杭州林智广告有限公司	
印　　刷	杭州高腾印务有限公司	
开　　本	710mm×1000mm　1/16	
印　　张	11.25	
字　　数	200千	
版 印 次	2023年9月第1版　2023年9月第1次印刷	
书　　号	ISBN 978-7-308-24087-1	
定　　价	88.00元	

序言

　　建筑业是国民经济重要的基础产业，其地位与作用举足轻重。相对于其他行业领域，建筑业的重要特点之一体现在其对金融的高依赖度，可以说，金融是建筑业的血液。随着社会的发展，金融与建筑业的结合越来越紧密，建筑业的每一步提升，都离不开金融业的助力和创新。

　　宁波乡贤赖振元、赖朝晖父子是国内建筑企业的代表人物，作为宁波人，他们心系家乡，积极参与家乡的经济社会建设和公益活动。为挖掘建筑金融领域的实践和故事，开展高端咨询研究和前沿金融理论创新，对接建筑企业和行业的金融人才需求，进而为建筑行业和金融行业提供智力支持，龙元集团于2020年与宁波大学共建"宁波大学龙元建筑金融研究院"。研究院致力于充分发挥校企双方优势，聚焦产业经济发展需要，打造集新型智库、科学研究、人才培养、数据库建设和社会实践等综合性校企合作高地。

　　目前，龙元建筑金融研究院"一智库四基地"的建设已经初见雏形。在人才培养方面，已招收本科金融学专业双学位学生 30 余人，建筑金融方向研究生 10 余人；在科学研究方面，开展建筑与金融交叉领域横向课题研究 40 余项。作为系列研究中的典型代表，本报告首创"建筑金融"概念，旨在通过识别、分析、优化建筑业中的关键金融行为，推动我国建筑业高质量发展，从宏观和微观两个方面深入剖析金融在我国建筑业发展中所发挥的作用及存在的问题。

宏观建筑金融指数代表我国建筑业金融发展动态的相对变化趋势，可用来衡量我国建筑金融发展的整体水平。通过宏观建筑金融指数可以直观了解我国建筑行业在 2005—2020 年间的整体发展态势、建筑业与金融业的融合程度以及建筑金融领域的结构演变过程。

微观建筑金融指数的主体是建筑企业。该指数揭示了不同主体在各测度维度内的绩效表现。本报告共编制了 2016—2020 年 94 家建筑上市企业的微观建筑金融指数，从时间序列和截面层面两个方面反映各个参评企业的建筑金融活动情况，既包含了整体的发展报告，也包含了不同二级维度和三级指标的细节展示。阅读者既可关注到某个企业在报告期间某项金融指标的发展变化，也可获取同期自身金融活动在整个行业内所处的相对位置和水平。

本报告适合的阅读者包括各建筑企业、投资者、金融和建筑领域科研人员等。通过阅读本报告，可以获得建筑金融领域的一系列客观指标，以及进一步提高建筑企业金融发展质量的参考信息。

目录

CHAPTER 1

第一章

中国建筑金融发展概况

第一节　建筑金融的首创标新及概念界定

新冠疫情的冲击导致国内外环境发生深刻变化，于我国而言，2021 年既是"十四五"开局之年，也是我国现代化建设进程中极具特殊重要性的一年，是机遇与挑战并存之年。在此背景下，我国建筑业作为重要的传统产业之一应当如何推进产业的高质量发展？如何在这一重要机遇期实现优势的延展与困境的突破？本报告首创"建筑金融"之概念，旨在通过识别、分析并优化建筑业中的关键金融行为，推动我国建筑业良性发展，使之在真正意义上成为我国国民经济的支柱性产业。

当前学术界尚未对"建筑金融"一词进行专门定义，字面拆解为建筑过程中的一切金融行为。与时下热门的"互联网金融""供应链金融"等概念所强调的创新性金融所呈现的形式不同，建筑金融突出某一领域的金融行为。而不同于一般行业领域，建筑业作为资金密集型行业，对金融的依赖度高。此外，建筑业是国民经济的支柱，对经济的发展举足轻重。因此，建筑金融从内在联系和经济重要性上区别于一般领域的金融学应用，具有十分重要的研究意义。"建筑"作为名词，是指人工建筑而成的资产，属于固定资产范畴，包括房屋和构筑物两大类。而在建筑金融中的建筑显然是指建筑业——国民经济中从事建筑安装工程的勘察、设计、施工以及对原有建筑物进行维修活动的物质生产。按照国民经济行业分类目录，作为国民经济十三门之一的建筑业，由以下三个大类组成：（1）土木工程建筑业；（2）线路、管道和设备安装业；（3）勘察设计业。金融泛指一切货币资金的融通，可依研究范围划分为宏观、中观和微观三个层面。建筑金融对应的是中观行业以及微观企业层面的金融，即从建筑行业及其产业链的资金活动到实体企业面临的公司金融，主要研究建筑及相关产业视角下的金融行为，产业链内的金融收益与风险的传导，以及个体企业的融资、投资、收益分配以及与之相关的问题。

第二节　中国建筑业金融支持的演变脉络及风险分析

本报告基于不同的融资机制探讨我国建筑业金融支持的发展及演变脉络，为下文深入剖析金融在我国建筑业发展进程中所发挥的作用及存在的问题奠定基础。

一、间接融资视角下的建筑业金融支持演变脉络

（一）建筑业间接融资水平演变脉络

间接融资以金融中介机构发挥桥梁作用，实现资金初始供给者与资金需求方之间的投融资关系匹配。本报告主要探讨以银行作为金融中介机构的建筑业资金融通活动。关于建筑业间接融资规模的测度，本报告选取各年份《中国金融年鉴》中所公布的按企业规模划分（大型企业、中型企业、小型企业）的建筑企业从金融机构获取的人民币贷款余额（《中国金融年鉴》中未发布相关数据的年份，按第二产业固定资产投资增长率近似替代企业获取贷款的增速），计算后得到2010—2020年不同规模建筑企业以间接融资方式获取的贷款余额，其结果如图1-1所示。观察图1-1可以发现：（1）除2016年我国建筑企业从金融机构获取的贷款余额出现较为显著的下滑外，不同规模建筑企业的间接融资余额整体上呈现上升趋势；（2）2011年以前不同规模的建筑企业从金融机构获取的贷款余额差距不大，而2011年以后小型企业从金融机构获取的贷款余额显著落后于中型企业和大型企业。

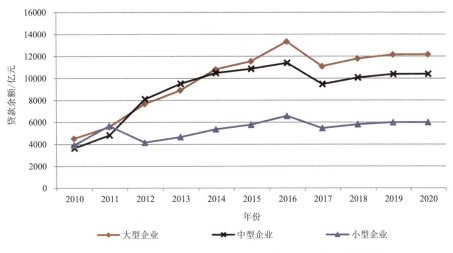

图1-1　2010—2020年不同规模建筑企业从金融机构获取的贷款余额

通过加总不同规模的建筑企业贷款余额来测度建筑业的间接融资规模，以2010年为基期计算各年份的定基增长率，其结果如图 1-2 所示。观察图 1-2 可以发现，2010—2016 年我国建筑业间接融资增速较快，而 2016—2017 年定基增长率下降，随后继续增长，总体上增速呈稳步增长的发展态势。

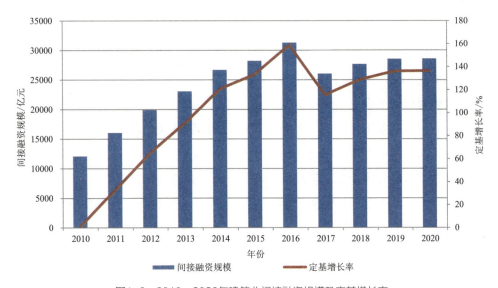

图1-2　2010—2020年建筑业间接融资规模及定基增长率

（二）间接融资视角下的建筑业金融支持水平风险分析

本报告以不良贷款率为金融风险代理变量，分析间接融资视角下建筑业的金融风险水平。关于建筑业不良贷款率的测度，截至2021年5月，我国沪深两市共有38家上市银行，剔除上市时间较短、在选取的样本区间内半年报、年报数据缺失或报表中行业数据不全的上市银行后，最终选取中国工商银行、中国建设银行、中国农业银行（其中，中国银行由于年报中披露的是贷款和垫款的减值比率而非不良贷款率，因此不纳入本报告样本）和兴业银行股份有限公司（简称"兴业银行"）这四家银行作为实证研究样本。截至2021年5月27日，四家样本银行的市值合计占上市银行（不含中国银行）总市值的48.09%，具有一定的代表性。根据这四家银行公布的各年份年报数据，以5月27日收盘后单个银行市值占四家银行总市值的比重为权重，加权平均后得到2010—2020年建筑业的不良贷款率水平，具体计算方式如式（1-1）所示，其结果如图1-3所示。

$$p_t = \sum_{w=1}^{4} \frac{MV_w}{TMV} \times NPLR_{w,t} \qquad （1-1）$$

其中，p用以表示建筑业不良贷款率；w=1，2，3，4；t表示年份。四家上市银行按顺序分别为中国工商银行、中国建设银行、中国农业银行和兴业银行；TMV为四家上市银行5月27日收盘后的市值合计，MV_w代表上市银行w的市值，$NPLR_{w,t}$表示上市银行w在年份t建筑业的不良贷款率水平。

国际通行标准设置的金融机构不良贷款率警戒线为10%。观察图1-3可以发现，我国建筑业不良贷款率水平显著低于国际警戒线，说明建筑业还款能力较强，以间接融资方式获取的贷款违约风险较小；且2016年以后，我国建筑业不良贷款率水平总体上呈下降趋势，这一方面是银行业信贷资产质量管控水平提升的结果，另一方面也是建筑业景气程度提高、企业自身现金流改善的结果。

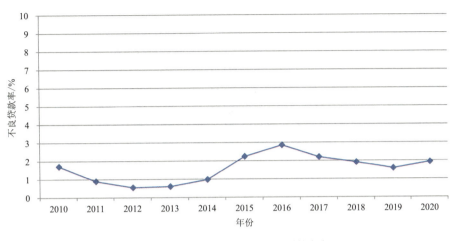

图1-3　2010—2020年建筑业不良贷款率水平

二、直接融资视角下的建筑业金融支持发展及演变脉络

（一）建筑业直接融资水平演变脉络

直接融资是间接融资的对称，两者的主要区别在于直接融资是没有金融中介机构介入的资金直供方式，资金供需双方借助相关金融工具直接形成债务债权关系，比如以股票、债券类金融工具为媒介，实现资金供给方与资金需求方之间的投融资关系匹配。本报告以上市企业公布的现金流量表为参考，使用筹资活动现金流量下的"吸收投资所收到的现金"项目近似测度建筑企业以直接融资方式获取的资金。截至 2021 年 5 月 27 日，我国沪深两市按国民经济行业分类划分的建筑企业共有 96 家，将各个企业报表中的"吸收投资所收到的现金"项目加总后即可得到建筑企业的直接融资规模，并以 2010 年为基期计算定基增长率，其结果如图 1-4 所示。

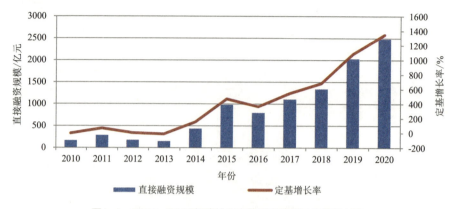

图1-4　2010—2020年建筑业直接融资规模及定基增长率

观察图1-4可以发现，除2016年我国建筑业直接融资规模出现较为显著的下滑外，建筑业直接融资规模整体上呈上升趋势，且直接融资规模增速较快，2010—2020年直接融资规模增长近14倍。

（二）直接融资视角下的建筑业金融支持水平风险分析

投资者在资本市场的资金投向选择主要由投资者本身的风险偏好和投资标的本身的投资价值决定。在不考虑投资标的成长性及行业发展前景预期的前提下，本报告主要以公司盈利能力波动性作为计量企业风险承受状况的风险指标，其中企业盈利能力以净资产报酬率（ROE）计量，进而计算净资产报酬率的方差作为风险承受的代理变量。净资产报酬率的方差越大，说明企业的盈利状况越不稳定，以直接融资方式获取的资金流越不稳定，金融风险较为显著；净资产报酬率的方差越小，说明企业风险管理能力较为稳健，以直接融资方式获取的资金流越稳定，金融风险越小。

本报告按国民经济行业分类选取17个行业：（1）农、林、牧、渔业；（2）采矿业；（3）制造业；（4）电力、热力、燃气及水生产和供应业；（5）建筑业；（6）批发和零售业；（7）交通运输、仓储和邮政业；（8）住宿和餐饮业；（9）信息传输、软件和信息技术服务业；（10）金融业；（11）房地产业；（12）租赁和商务服务业；（13）科学研究和技术服务业；（14）水利、环境和公共设施管理业；（15）教育；（16）卫生和社会工作；（17）文化、体育和娱乐业。以上市企业为研究样本，数据来源于同花顺iFinD，剔除行业中的ST企业及报表数据（2010—2020 年的净资产收益率）披露不完整的企业，分别取各行业资产负债率方差的算数平均数，用以测度该行业直接融资方式的金融风险水平，具体计算公式如式（1-2）所示。

$$\mathrm{DFR}_j = \sum_{j=1}^{n} \frac{1}{n} \times \mathrm{Var}[\,\mathrm{ROE}_j\,] \qquad (1-2)$$

其中，j=1，2，…，17，代表按国民经济行业分类所选取的 17 个行业；DFR_j 表示行业 j 直接融资方式的金融风险水平；$\mathrm{Var}[\mathrm{ROE}_j]$ 表示 2010—2020 年行业 j 净资产收益率的方差值。

表 1-1 为 2010—2020 年各行业直接融资方式的金融风险水平及行业间金融风险水平排序结果。观察表 1-1 可以发现，建筑业直接融资方式的金融风险水平相比于其他 16 个行业较低，排名第 4，说明该行业内的上市企业以直接融资渠道获取的资金流较为稳定，相关风险管理能力稳健。

表1-1　2010—2020年各行业直接融资方式的金融风险水平及排序情况

行业类别	样本企业数	金融风险水平	排序
农、林、牧、渔业	30	14.79	14
采矿业	60	14.94	16
制造业	1406	10.55	10
电力、热力、燃气及水生产和供应业	94	8.99	7
建筑业	57	7.93	4
批发和零售业	107	9.28	8
交通运输、仓储和邮政业	77	8.13	5
住宿和餐饮业	6	5.84	1
信息传输、软件和信息技术服务业	166	12.51	11
金融业	105	6.76	2
房地产业	114	7.58	3
租赁和商务服务业	45	14.15	13
科学研究和技术服务业	20	10.15	9
水利、环境和公共设施管理业	27	8.15	6
教育	9	18.44	17
卫生和社会工作	8	13.71	12
文化、体育和娱乐业	24	14.82	15

三、两种融资机制的对比分析

为对比不同融资机制在建筑企业资金融通活动中占据的地位，本报告分别计算直接融资和间接融资的规模占比，具体计算公式如式（1-3）、式（1-4）所示。

$$\text{RATIO}_{DFA} = \frac{DFA}{DFA + IFA} \quad (1-3)$$

$$\text{RATIO}_{IFA} = \frac{IFA}{DFA + IFA} \quad (1-4)$$

图 1-5 为 2010—2020 年建筑企业两种融资机制规模占比对比图，通过观察该图可以发现：（1）建筑企业主要依赖以银行等金融中介机构为媒介的间接融资渠道获取资金，间接融资在其资金融通活动中占据主导地位，已然成为建筑业获取资金的主要融通渠道；（2）建筑企业不易在资本市场上融通资金，但近年来直接融资规模占比呈现出一定幅度的上升，这一结果与 2021 年《政府工作报告》中提出的"继续深化金融供给侧结构性改革，改善融资结构，提升直接融资比重"的要求相契合。

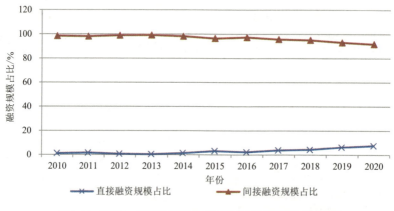

图1-5 2010—2020年建筑企业两种融资机制规模占比对比

第三节 基于五大国家政策的中国建筑金融发展支持

建筑业是我国的支柱产业，在国民经济发展中占据举足轻重的地位，其发展直接标志着社会经济的不断向前发展。本报告基于产业链与资金链融合、技术创新、互联网金融、数字金融及区块链技术这五个视角分别阐述中国建筑金融发展的国家政策及战略支持。

一、中国建筑金融发展支持：基于产业链与资金链融合视角的国家政策

建筑项目普遍具有建设周期长、资金回流慢等特点，这迫使建筑企业选择债务融资（银行贷款、企业债）为主要融资渠道。但部分建筑企业会存在抵押标不足、信誉欠佳等问题，影响银行对企业的融资授信，最终削弱建筑企业的信贷资金获得能力。发行债券依赖企业较高的发行资质，而一般的建筑企业却难以企及。建筑业要实现稳步发展的目标，融资是亟须解决的问题。在经济新常态下，中央提出建筑业要遵循"三去一降一补"的工作思路，建筑业的融资模式要契合国内当前的经济环境。

供应链金融是建筑行业产业链和资金链融合的具体表现，通过对核心企业的信息流、资金流和物流的整合，实现以核心企业为中心的材料供应、制造加工、分销零售和最终消费者服务等环节有机组合，这相当于为核心企业梳理完整的产业关系网，进而使核心企业与上下游企业的责任捆绑和授信额度分配得以实现，最终打通资金链，即核心企业在供应链企业内的延迟支付成为可能。建筑行业的供应链融资是基于建筑产业链形成的资金流通模式，体现了建筑行业产业链与资金链的深度融合特点。采用产业链与资金链融合的融资方式能够解决当前建筑行业的融资难题。鉴于此，2021年《政府工作报告》提出要积极引入金融科技手段，创新供应链金融服务模式。国家在"十四五"规划中提出建筑行业升级转型，行业价值链融合纵向发展的新思路，以此破解建筑企业的融资难题，即在转型期间，企业通过整合与优化产业链和资金链，以供应链金融为融合产业链和资金链的新型融资手段，最终为建筑业的转型升级保驾护航。

二、中国建筑金融发展支持：基于技术创新视角的国家政策

推动以技术创新为核心的全面创新，能够极大地激发建筑行业内微观主体的活力，形成新的增长动力源泉，推动行业持续健康发展。然而，创新活动的高风险性，以及创新主体可抵押物的缺失性，衍生了对其金融支持模式进行创新的必要性。创新链将创新相关主体连接起来，通过合作伙伴关系形成一定的利益共同体。创新链融资模式可以完善符合创新规律的资源配置方式，对创新活动提供新型的金融支持模式。一方面，实现创新链与资金链的对接融合，让

资金链助推创新链，为创新链实现创新驱动筹措资金；另一方面，建立创新链中创新主体金融互助关系，加强核心创新主体的领导作用，强化相关创新主体之间的联系，完善协调与合作机制，力求科技创新活动效率最大化。

党的十九大报告指出，创新是引领发展的第一动力，创新驱动发展战略由此被确立为我国的一项长期发展战略。"十四五"规划和2035年远景目标纲要把"坚持创新驱动发展"作为全面塑造发展新优势的重要举措，强调坚持创新在我国现代化建设全局中的核心地位，这一战略部署对我国全面建设社会主义现代化国家、实现"十四五"规划和2035年远景目标，都具有重要意义。建筑行业技术创新主要围绕建筑工业化、绿色化、数字化、智能化升级，研发投入不断增大，工程装备技术水平不断提升。如前所述，创新链的融资模式创新是促进创新链实现创新驱动的重要手段。为推进建筑业高质量发展，政府积极探索对建筑行业的多元化绿色金融支持方式，以期发挥金融支持建筑业转型发展的作用，力图改善建筑行业技术创新金融支持不够的现状。

三、中国建筑金融发展支持：基于互联网金融视角的国家政策

2014年，时任国务院总理李克强首次在政府工作报告中提出促进互联网金融发展的要求。2015年7月，由央行会同有关部委牵头、起草、制定的互联网金融行业"基本法"——《关于促进互联网金融健康发展的指导意见》发布。中国银行业监督管理委员会于2016年8月正式发布的《网络借贷信息中介机构业务活动管理暂行办法》，对同一借款人在所有平台上的借款施加了限制。2021年，互联网金融平台被列为重点监管对象。互联网金融监管要求在不断升级，由此可见我国对互联网金融发展的重视和期盼。

于建筑业而言，与其他行业相比，互联网金融与建筑企业似乎没有太多的联系。特别是从短期发展的角度上看，互联网金融对建筑行业实际运行并无显著影响。然而互联网金融的出现，创新了融资方式和融资工具，为建筑业项目融资开辟了新渠道，互联网金融使得建筑企业看到了曙光。对于建筑企业来说，适当利用互联网金融进行项目融资，可以促进建筑企业的高速发展，且互联网金融与建筑信息模型（Building Information Modeling，BIM）技术的结合，可以缓解项目资金紧张的压力。企业也可以利用BIM进行项目管理，促进工作的

透明高效，促进互联网金融在建筑业的持续应用和发展。此外，互联网金融还能够加强项目风险控制，强化建筑企业的品牌效应，保证建筑企业资金的安全，建立建筑企业信息管理系统，加强专业人才的培养与引入。

需要注意的是，金融的本质是风险管理，即使是创新的互联网金融也脱离不了金融的本质。创新金融模式的发展势必会带来更多的风险管理问题，如果缺乏有效的风险管理，不仅会导致互联网金融面临危机，甚至可能对整个金融体系乃至社会产生难以估量的不良影响。

四、中国建筑金融发展支持：基于数字金融视角的国家政策

近十年来，数字经济获得了快速发展，正成为推动我国经济发展质量变革、效率变革、动力变革的新引擎。2021年全国两会上，时任总理李克强做的政府工作报告提出，要加快数字化发展，打造数字经济新优势，协同推进数字产业化和产业数字化转型。数字经济能够对实体经济和实体企业产生支撑效应和引领作用，众多文献研究表明，数字金融能有效促进企业创新，缓解企业融资压力，进而推动企业所处的行业转型和结构升级，更好地适应并服务于当前的经济体系。有鉴于此，数字金融与实体经济的深度融合已成为当前经济发展必不可少的途径。在当前"十四五"规划、"新基建"、"双循环"发展的大背景下，宏观经济和微观主体的发展离不开数字金融。于建筑企业而言，通过营造数字经济生态、推动数字化转型，有助于促进企业创新，缓解融资压力，推动企业"做大做优做强"并实现高质量发展。具体来看，数字金融对建筑企业的作用可分为以下三个维度。

（一）组织成长

随着数字化技术的快速发展，建筑企业内部不同分工程序间的组织将变得更透明，有助于提升资源的共通、共享水平，使建筑企业组织变得网络化、扁平化、高效化。数字时代的一个重要特征是经济行为的数字化，生产、交易、消费、分配等经济关系将以交易为枢纽回归信息本质，以此驱动资金流运转，支撑建筑企业成长。

（二）业务成长

建筑企业可以通过技术创新促进业务增长，建筑企业业务不仅包括国内业务，还包括进出口业务。对于进口业务，由于数字金融发展，企业融资约束减少，企业投资业务将会增加，对于建筑企业来说，原材料需要从外部进口，或者说需要从市场中购入，因此，建筑企业进口量将会增加。当然，建筑企业的生产规模如果扩大了，同样意味着将会给建筑企业带来很多出口方面的业务。综上，数字金融发展会促进建筑企业进出口业务发展，带动建筑企业的成长。

（三）资本成长

在融资方面，数字金融对于建筑企业融资将会起到"润滑剂"作用。由于互联网科技的发展，数字金融将会减少信息不对称问题，提高建筑企业的信息透明度，降低融资约束。在投资方面，由于建筑企业融资方面的问题解决了，在投资方面的决策相较于以前来说将会变得更加容易，也就是说，建筑企业的投资规模将会增加，整体业务规模也将会增加。所以，数字金融对于建筑企业投资来说，会起到"添燃油"作用。

一言以蔽之，数字金融可以有效提升建筑企业技术信息收集能力和组织能力。通过对企业内部员工进行数字金融相关知识的普及，将数字金融融入企业业务的具体运行过程中，积极使用数字化金融工具解决营业过程中存在的资金短缺、基金周转等问题，最终能够将数字金融融入企业的发展文化和理念，进而带动建筑企业的成长。因此，建筑企业如何抓住数字金融新机遇，进而带动企业自身成长的问题值得关注。

五、中国建筑金融发展支持：基于区块链技术视角的国家政策

数字基础设施建设是现代社会数字化的重要环节。习近平主席在 2020 年 11 月 20 日亚太经合组织第二十七次领导人非正式会议上的讲话中指出："数字经济是全球未来的发展方向，创新是亚太经济腾飞的翅膀。我们应该主动把握时代机遇，充分发挥本地区人力资源广、技术底子好、市场潜力大的特点，打造竞争新优势，为全国人民过上更好日子开辟新可能。我们要全面落实亚太经合组织互联网和数字经济路线图，促进新技术传播和运用，加强数字基础设施

建设，消除数字鸿沟。"①不难看出，基础设施建设，尤其是数字基础设施建设在现代数字社会中显得尤为重要。作为数字经济的基石，区块链技术发挥着重要作用，2014年以来，区块链技术作为一种数字化技术，在信息数字化和金融产品创新方面有着广泛的应用，该技术的快速发展引发了广泛关注。2016年12月，国务院印发《"十三五"国家信息化规划》，将区块链定为我国长期战略性前沿技术。2019年10月，习近平总书记在中央政治局第十八次集体学习时强调，要"加快推动区块链技术和产业创新发展"②。"十四五"规划草案中，"加快数字化发展、建设数字中国"单设篇章，其中"区块链"被列为数字经济重点产业。

区块链技术作为一种数字化技术，在信息数字化和金融产品创新方面有着广泛的应用。这种技术能够提供一个不可篡改的数据完整性证明，具有去中心化、信息公开透明的显著特点。正是因为这些特点，它可以极大地增强信息的透明度，降低融资双方的信息不对称性，从而改变传统的金融征信体系，并能够有效降低金融风险。然而，当前已有的关于区块链技术在行业应用模式的研究还未曾具体到建筑企业融资，更不用说建筑供应链融资。因为，利用区块链技术可以降低融资双方的信息不对称性和融资成本，所以，可以根据建筑企业的融资需求，设计出针对基础设施建设行业的资产支持证券（Asset-Backed-Securities，ABS）产品，并结合区块链技术，提高产品的可信度和融资成功率，降低建筑企业的融资成本，进而缓解建筑企业的实际融资难题。将区块链这一新技术应用于建筑供应链融资，不仅可以丰富现有建筑企业融资的研究，拓宽区块链技术的行业研究范围，而且可以为其他相关领域融资难问题的缓解提供理论借鉴。

---

① 习近平:《习近平在亚太经合组织第二十七次领导人非正式会议上的发言》,《人民日报》2020年11月21日第2版。
② 习近平：《把区块链作为核心技术自主创新重要突破口 加快推动区块链技术和产业创新发展》，《人民日报》2019年10月26日第1版。

第四节　中国建筑金融的现状概貌

一、中国建筑金融现状概貌：基于间接融资视角

截至 2021 年 5 月，我国沪深两市共有 38 家上市银行，本书剔除 2020 年公布的年报中未披露建筑业贷款占比数据的上市银行，最终选取 33 家上市银行作为样本。33 家上市银行市值合计占上市银行总市值的 86.51%，具有一定的代表性。根据这 33 家银行公布的 2020 年年报数据，以 2021 年 5 月 27 日收盘后单家银行占 33 家样本银行总市值的比重为权数，加权平均后得到 2020 年发放的建筑业贷款金额在所有行业贷款总金额中的占比，具体计算公式如式（1-5）所示，加权计算后得到建筑业间接融资占比为 2.82%。按市值大小划分的样本银行建筑业间接融资贷款情况如表 1-2 至表 1-4 所示。

$$\mathrm{IFR}_{\mathrm{CON}} = \sum_{w=1}^{4} \frac{\mathrm{MV}_w}{\mathrm{TMV}} \times \mathrm{IFR}_{w,\,\mathrm{CON}} \qquad （1\text{-}5）$$

其中，IFR 用以近似表示建筑业间接融资占比；w=1，2，…，33。TMV 为 33 家样本银行 2021 年 5 月 27 日收盘后的市值合计，MV_w 代表银行 w 的市值，$\mathrm{IFR}_{w,\,\mathrm{CON}}$ 表示 w 银行的建筑业间接融资占比。

表1-2　市值≥10000亿元的样本银行建筑业贷款情况

类别 1：MV ≥ 10000 亿元				
银行名称	市值（单位：亿元）	建筑业贷款金额（单位：亿元）	占比（%）	平均占比（%）
工商银行	17811	2607	2.70	
招商银行	14622	1036	2.06	
建设银行	13142	3962	2.36	2.41
农业银行	11228	2229	2.50	

观察表 1-2 可以发现，市值≥10000 亿元的样本银行发放给建筑行业的贷款金额占比不高，平均占比仅为 2.41%。

表1-3　市值≥1000亿元＜10000亿元的样本银行建筑业贷款情况

类别2：1000亿元≤ MV<10000亿元				
银行名称	市值（亿元）	建筑业贷款金额（亿元）	占比（%）	平均占比（%）
兴业银行	4782	1342	3.38	
邮储银行	4752	1104	2.00	
交通银行	3420	1357	2.32	
浦发银行	3020	1608	3.55	
宁波银行	2585	279	4.05	
中信银行	2316	999	2.20	2.94
民生银行	1966	1084	2.81	
光大银行	1940	1080	3.58	
上海银行	1198	276	2.51	
江苏银行	1133	395	3.29	
北京银行	1044	663	4.00	
南京银行	1041	108	1.60	

　　观察表1-3，市值≥1000亿元＜10000亿元的样本银行发放给建筑行业的贷款金额平均占比为2.94%，略高于类别1样本银行的建筑业贷款金额平均占比。

表1-4　市值＜1000亿元的样本银行建筑业贷款情况

类别3：MV ≤ 1000亿元				
银行名称	市值（亿元）	建筑业贷款金额（亿元）	占比（%）	平均占比（%）
杭州银行	990	88	2.98	
华夏银行	989	1041	4.94	
浙商银行	804	532	4.46	
成都银行	480	109	3.83	
渝农商行	452	71	2.43	
长沙银行	380	177	9.57	
贵阳银行	285	560	23.26	
厦门银行	263	76	5.37	
苏州银行	255	129	6.84	7.10
青农商行	247	239	10.99	
郑州银行	245	149	6.26	
西安银行	224	104	6.03	
青岛银行	215	247	11.95	
紫金银行	141	100	8.31	
无锡银行	114	29	2.95	
江阴银行	89	27	4.21	
苏农银行	83	50	6.38	

观察表 1-4 可以发现，市值＜ 1000 亿元的样本银行发放给建筑行业的贷款金额平均占比为 7.10%，显著高于类别 1 和类别 2 样本银行的建筑业贷款金额平均占比。

表 1-5 对不同市值类别的样本银行所发放的建筑业贷款情况进行对比，可以发现：建筑企业更容易在小市值银行处取得贷款，这可能是由于市值较大的样本银行对借款企业的抵押标、信誉水平要求较高，而建筑企业普遍具有运营周期长、资金回流慢等特点，且部分建筑企业存在抵押标不足、信誉欠佳的问题；市值较小的样本银行在贷款发放过程中存在为追求短期利润而降低对借款人的贷款风险评估和审查审批标准的情况。

表1-5　不同市值类别样本银行的建筑业贷款对比

类别	市值合计（亿元）	建筑业贷款合计（亿元）	建筑业贷款合计／市值合计
类别 1	56803	9833	0.17
类别 2	29197	10295	0.35
类别 3	6257	3729	0.60

二、中国建筑金融现状概貌：基于直接融资视角

根据国家统计局最新发布的《2020 年中国统计年鉴》显示，2019 年，我国建筑企业单位数为 103805 个，其中国有建筑企业 3309 个，集体建筑企业 2324 个，港澳台商投资建筑企业 245 个，外商投资建筑企业 190 个，其他类别建筑企业 97737 个。截至 2021 年 5 月 27 日，我国沪深两市按国民经济行业分类划分的建筑企业共有 96 家，将各个企业报表中的"吸收投资所收到的现金"项近似替代上市企业的直接融资规模，加总后得到 2019 年建筑企业的直接融资规模为 2035.52 亿元，远小于同期建筑企业 28555.98 亿元的间接融资规模。这反映了建筑企业不易通过直接融资渠道获取资金支持的现状，建筑企业普遍具有运营周期长、资金回流慢的特点，使得其较难在资本市场上获得融资，而被迫选择资金成本较高的债务融资为主要融资渠道。

三、中国建筑金融现状概貌：基于融资风险水平视角

（一）间接融资风险水平的现状概貌

本报告以 2020 年为分析年份，并用建筑业不良贷款率作为测度间接融资风险水平的指标。截至 2021 年 5 月，我国沪深两市共有 38 家上市银行，本书剔除公布的 2020 年年报中未披露建筑业不良贷款率数据的上市银行后，最终选取 21 家作为样本银行。截至 2020 年 12 月 31 日，21 家样本银行的市值合计占上市银行总市值的 79.78%，具有一定的代表性。根据这 21 家银行公布的各年份年报数据，以 2020 年 12 月 31 日收盘后单个银行市值占 21 家银行总市值的比重为权重，加权平均后得到 2020 年建筑业的不良贷款率水平，具体计算公式如式（1-6）所示。

$$p = \sum_{w=1}^{21} \frac{MV_w}{TMV} \times NPLR_w \qquad （1\text{-}6）$$

其中，p 表示建筑业不良贷款率；$w=1$，2，…，20，21。21 家上市银行按市值大小降序排序，分别为工商银行、建设银行、招商银行、农业银行、兴业银行、平安银行、交通银行、浦发银行、民生银行、中信银行、宁波银行、上海银行、华夏银行、杭州银行、浙商银行、成都银行、郑州银行、青农商行、苏州银行、青岛银行、重庆银行；TMV 为 21 家上市银行的市值合计，MV_w 代表上市银行 w 的市值，$NPLR_w$ 表示 2020 年上市银行 w 建筑业的不良贷款率水平。

国际通行标准设置的金融机构不良贷款率警戒线为 10%，式（1-6）的计算结果为 2%，显著低于国际警戒线，说明建筑业以间接融资方式获取的贷款违约风险较小。

（二）直接融资风险水平的现状概貌

根据前面部分计算的直接融资风险水平的结果，可以发现，建筑业直接融资方式的金融风险水平相较于其他 16 个行业较低，排名第四。说明尽管建筑企业由于较少的资产积聚、较高的经营风险而较难从资本市场上获得资金支持，但是其盈利能力相较于其他行业更加稳定，从稳定性和安全性视角来看，建筑企业以直接融资渠道获取的资金流较为稳定，相关风险管理能力稳健，以直接融资方式获取的资金风险水平相对较低。

CHAPTER 2

第二章

中国建筑金融发展的影响因素及关键问题

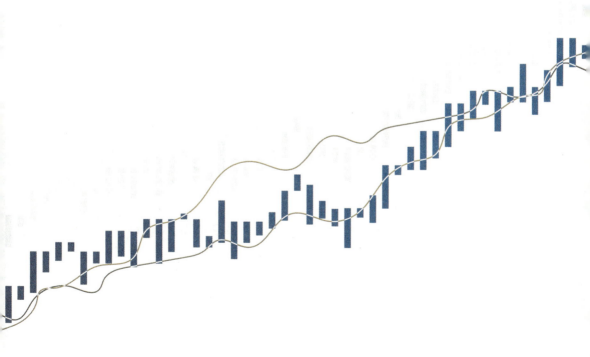

第一节　中国建筑金融发展的影响因素

中国建筑金融发展水平的高低一方面取决于金融中介机构的经营现状、资本市场的发展层级，另一方面取决于拆入或筹集资金方本身的资质等级。换言之，中国建筑金融发展的影响因素包含内在基础和外在因素：内在基础即建筑企业在融通资金时企业本身的经营状况和盈利能力、投资项目的合规性、抵押标质量、风险管理和应对机制等；外在因素即金融中介机构的可贷资金充裕程度和风险识别、风险管理机制的完善程度以及资本市场（股票市场、债券市场和期货市场）的发展水平。

一、中国建筑金融发展的内在基础

建筑企业的内在基础直接决定其通过直接融资和间接融资方式所能获取的资金规模。

（一）间接融资渠道下的内在基础

当建筑企业通过间接融资渠道获取资金时，以银行为主要代表的金融中介机构通常使用信用 5C 分析法在事前对借款人进行全面的定性分析，以判别其还款意愿和还款能力，该方法包含五个信用要素，具体如下。

1. 品质（Character）：指借款人努力履行其偿债义务的可能性，是评估借款人信用品质的首要指标，也是应收账款的回收速度和回收数额的决定因素。建筑企业的还款诚意越足，则其越容易从金融中介机构处获取资金支持。

2. **能力**（Capacity）：指借款人的偿债能力，即其流动资产的数量和质量以及与流动负债的比例，其判断依据通常是借款人的偿债记录、经营手段以及对客户工厂和公司经营方式所做的实际调查。建筑企业资金的流动比率越高、资产的变现速度越快、偿债能力越强，则其越容易从金融中介机构处获取资金支持。

3. **资本**（Capital）：指借款人的财务实力和财务状况，表明借款人可能偿还债务的背景。建筑企业的盈利能力越强、可支配自由现金流量越多，则其越容易从金融中介机构处获取资金支持。

4. **抵押**（Collateral）：指借款人拒付款项或无力支付款项时能被用作抵押的资产，一旦收不到借款人的款项，便以抵押品抵补。建筑企业可供抵押的标的越多、质量越好，则其越容易从金融中介机构处获取资金支持。

5. **条件**（Condition）：指可能影响借款人付款能力的经济环境。建筑企业自身实力越雄厚、应对宏观经济冲击的机制越完善，则其受宏观经济环境的影响越小，越容易从金融中介机构处获取资金支持。

（二）直接融资渠道下的内在基础

当建筑企业通过直接融资方式获取资金时，其基本面情况影响投资者的投资决策，具体而言，可从其偿债能力、盈利能力、营运能力和成长能力出发进行探讨。

1. **偿债能力**。建筑企业偿债能力的强弱直接决定其未来陷入财务困境的可能性大小，企业的偿债能力高低可以通过观测流动比率、速动比率、现金比率、资产负债率指标的大小，并进行同行业间横向比较、不同行业间纵向比较后得出。建筑企业的偿债能力越强，则投资者越倾向于将资金投资于该企业，即该企业越容易在资本市场上获得资金支持。

2. **盈利能力**。建筑企业的盈利能力决定该企业的投资价值，直接影响投资者所能获取的投资回报水平。企业的盈利能力高低可以通过观测销售净利率、销售毛利率、净资产收益率指标的大小，并进行同行业间横向比较、不同行业间纵向比较后得出。建筑企业的盈利能力越强，则投资者预期通过投资该企业股票或债券所能获取的资金回报率越高，越倾向于将资金投资于该企业，即该企业越容易在资本市场上获得资金支持。

3. 营运能力。建筑企业的营运能力反映企业营运资产的效率和效益，企业营运能力的提升可以促进财务实力的增强，企业的营运能力高低可以通过观测存货周转率、应收账款周转率、流动资产周转率、固定资产周转率指标的大小，并进行同行业间横向比较、不同行业间纵向比较后得出。建筑企业的营运能力越强，说明其营运资产的利用效率越高、所获取的回报越大，则投资者越倾向于将资金投资于该企业，即该企业越容易在资本市场上获得资金支持。

4. 成长能力。建筑企业的成长能力决定了投资者未来资金回报率的增长潜力，企业的成长能力可以通过观测营业收入增长率、净利润增长率、总资产增长率、市盈率指标的大小，并进行同行业间横向比较、不同行业间纵向比较后得出。建筑企业的成长能力越强，则投资者未来投资回报的增长空间越大，越倾向于将资金投资于该企业，即该企业越容易在资本市场上获得资金支持。

二、中国建筑金融发展的外在因素

中国建筑金融发展的外在因素间接决定其通过直接融资和间接融资方式所能获取的资金规模。

（一）间接融资渠道下的外在因素

当建筑企业通过间接融资渠道获取资金时，监管部门对金融中介机构信贷业务的相关要求、贷款市场报价利率（LPR）和上海银行间同业拆放利率（SHIBOR）、金融中介机构本身的财务现状和经营目标都会影响建筑金融的发展水平，具体如下。

1. 监管部门对金融中介机构信贷业务的相关要求。当监管部门对金融中介机构信贷业务的约束较为宽松（如下调资本充足率要求等）时，金融中介机构可用于放贷的资金较多，贷款标准会相应地进行小幅下调，则在假定建筑企业内在基础不变的前提下，从金融中介机构获取的资金规模较大。

2. 贷款市场报价利率和银行同业拆借利率。LPR和SHIBOR的高低影响建筑企业通过间接融资渠道所能够获取的资金规模，具体来看：LPR是指各报价行根据其对最优质客户执行的贷款利率，按照公开市场操作利率加点形成的方式报价，而其他信用情况较差的借款人将在此基础上进一步加点。在假定建筑企业内在基础不变的前提下，当LPR较低时，建筑企业的贷款成本下降，则企业倾向于从金融中介机构处贷入更多的资金；当LPR较高时，建筑企业的贷款成本上升，则企业倾向于减少从金融中介机构贷入的资金量。SHIBOR是由信用等级较高的银行自主报出的人民币同业拆出利率计算确定的算术平均利率。SHIBOR下行意味着银行资金较为充裕，市场偏宽松，此时银行放贷规模会有所上升，在假定建筑企业内在基础不变的前提下，能够从金融中介机构处获取的资金量较大；SHIBOR上行意味着银行资金较为短缺，市场流动性收紧，此时银行放贷规模会相应减少，在假定建筑企业内在基础不变的前提下，能够从金融中介机构处获取的资金量较小。

3. 金融中介机构本身的财务现状和经营目标。就金融中介机构本身的财务现状而言，当金融中介机构本身的财务现状优良，信贷资产中的不良贷款较少且可贷资金较为充裕时，则金融中介机构倾向于投放更多的信贷，在假定建筑企业内在基础不变的前提下，能够从金融中介机构处获取的资金量较大；当金融中介机构本身的财务现状恶化，信贷资产中的不良贷款增多且可贷资金较为短缺时，则金融中介机构会提高借款人资质的审核标准，减少信贷资产的投放，在假定建筑企业内在基础不变的前提下，能够从金融中介机构处获取的资金量变少。就金融中介机构的经营目标而言，当银行的经营目标侧重于追求盈利性而轻视安全性和流动性时，金融中介机构倾向于片面追求短期利益而降低信贷投放的审核标准、投放更多的信贷资产，在假定建筑企业内在基础不变的前提下，能够从金融中介机构处获取的资金量较大；当银行的经营目标侧重于追求安全性和流动性而轻视盈利性时，金融中介机构倾向于提高信贷投放的审核标准，在假定建筑企业内在基础不变的前提下，能够从金融中介机构处获取的资金量变少。

（二）直接融资渠道下的外在因素

当建筑企业通过直接融资渠道获取资金时，股票市场和债券市场发展水平影响建筑金融的发展水平，具体如下。

1. 股票市场。不成熟的股票市场在本质上无异于赌场。当前我国A股市场中个人投资者较多，市场非理性程度较高，导致了A股市场长期的高波动、高换手的现象。相对于机构投资者，个人投资者往往更容易追涨杀跌、炒作题材、频繁交易等，造成A股的波动率长期明显高于美股。这使得建筑企业通过股票市场获取的资金量波动较大。随着我国股市的不断发展，基本面良好的建筑企业有望在A股市场上获取更多、更稳定的现金流支持。

2. 债券市场。当前我国债券市场已从早期的"婴儿阶段"开始蜕变，并快速走向成熟，境外投资者持有人民币债券的总量也不断创下新高，意味着我国债券市场已成为全球市场愈发重要、充满活力的组成部分。换言之，债券市场越成熟，则越能够吸引境外投资者的资金流入，进而建筑企业越容易在债券市场上获取更多的资金支持。

（三）期货市场的助推作用

期货市场的品种越完备、定价机制和定价效率越成熟，则建筑企业越容易基于对原材料、存货的未来市场价格走势的研判，购入相对应的期货合约，以实现相关资产的套期保值，从而降低建筑企业的经营风险。有效借助期货市场，通过买入开仓或卖出开仓期货合约来对冲未来可能面临的价格波动风险，经营风险的降低有助于建筑企业通过间接融资和直接融资渠道获取资金，具有一定的助推作用。

第二节　中国建筑金融发展的关键问题

针对当前建筑企业在融资过程中主要依赖间接融资而较难从资本市场上获得直接融资，且主要从小市值银行获取贷款资金支持而较难从大市值银行获取贷款资金支持的现状，本报告从三个维度出发，指出当前我国建筑企业金融发展的关键问题。

困境一：融资难而建筑企业融资需求巨大

建筑业是一个重资产的行业，资金需求量巨大，建筑企业为顺利中标项目，不得不提前投入大量资金用于设备的购入、项目的开工和施工以及投标保证金、合同履约保证金、质保金等各类保证金。同时，甲方履约能力欠缺等各种因素，都会导致企业现金流动不顺畅，导致企业发展经营困难，施工企业产生巨大的资金需求，融资缺口进一步加大。

然而，在建筑企业巨大的融资需求下，却较难得到资金支持。当前我国建筑企业主要依赖银行贷款的方式融通资金，而较难通过直接融资渠道获取资金支持，且新的融资渠道和融资产品难以推进。同时，结构性存款新规使得银行准入门槛提高，建筑企业在贷款进程中银行审批手续繁杂。近年来国家对建筑行业的宏观调控也迫使银行贷款更加审慎、条件更加苛刻，审批周期相应延长。

困境二：融资贵而建筑企业经营利润低

相较于其他行业而言，建筑企业整体经营收益偏低，且由于项目建设周期长，面临的不确定的因素较多，如人工成本、材料价格、机械设备等价格的上涨，项目出现变更延期，行业内企业的不理性竞争等因素，都会导致经营收益进一步降低。

在此情境下，建筑行业由于自身积累的资产较少，经营风险较大，银行借款利率往往较高。同时，当融资结构与项目建设周期不匹配时，若建筑企业无法及时从银行或其他金融机构获取贷款资金，为缓解经营困境，企业不得不利用民间资本等高资本成本的融资渠道融通资金，用高利息贷款归还低利息成本的短期借贷资金，从而使得融资成本进一步提高。

困境三：融资险而建筑企业风控能力总体偏弱

建筑企业公司管理层风险管理意识淡薄，没有站在战略的高度去统筹部署企业融资计划并进行相应的风险管理。对融资环境和风险的分析不够深入，尤其是对建筑行业的融资环境现状、国内外经济形势以及国家财政政策等方面研究不足，针对融资事项在事前、事中、事后可能存在的融资风险没有构建良好的风险应对机制，在融资风险的识别、评估、转移及控制等技术措施上研究不足。

然而，融资是把双刃剑，建筑企业要发展，自然离不开金融的支持，但往往因为风险控制不好，反而断送了企业前程。建筑企业普遍存在融资结构不合理引发的风险，融资结构与项目不匹配导致还款计划出现错位、脱节的情况并带来相应的风险。在建筑企业风控能力总体偏弱的情境下，建筑企业需要关注融资过程中潜在的风险隐患。

第三章

中国宏观建筑金融指数的
构建及计算

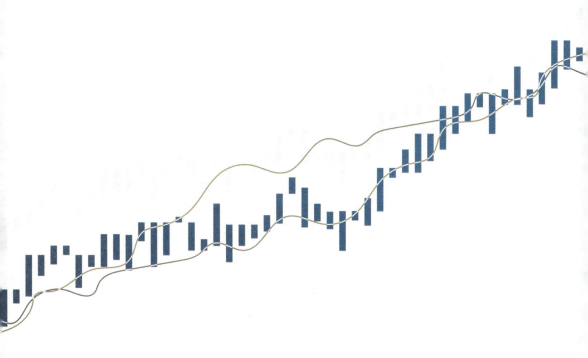

第一节 中国宏观建筑金融指数指标体系架构

宏观建筑金融指数是对我国建筑业金融发展水平的一个总体综合评价，通过年度水平的指数体系构建来反映我国建筑金融发展的整体情况。本报告通过理论分析与机器学习相结合的方法，从建筑业金融支持水平、建筑业资本可持续水平、建筑业基础发展水平、建筑业绩效水平四个维度刻画中国宏观建筑金融指数。指标体系架构如表 3-1 所示。

表3-1 中国宏观建筑金融指数指标体系架构

一级指标	二级指标	变量	三级指标
宏观建筑金融指数（AF）	建筑业金融支持水平（F）	F1	留存收益
		F2	营运资本
		F3	全部投入资本
		F4	长期借款
		F5	实收资本
		F6	资本公积金
		F7	投资净收益
		F8	价值变动净收益（TTM）
		F9	投资活动现金净流量（TTM）
		F10	筹资活动现金净流量（TTM）

续表

一级指标	二级指标	变量	三级指标
宏观建筑金融指数（AF）	建筑业资本可持续水平（S）	S1	市销率 PS（TTM）
		S2	股息率（报告期）
		S3	基本每股收益
		S4	每股息税前利润
		S5	Alpha c
		S6	Sharpe（年化）
		S7	Treynor（年化）
		S8	流动比率
		S9	速动比率
		S10	现金比率
		S11	产权比率
		S12	净资产收益率（年化）
	建筑业基础发展水平（D）	D1	建筑业国内生产总值
		D2	建筑业总产值
		D3	PPP 项目总投资
		D4	建筑企业人员数
		D5	建筑企业签订合同金额
		D6	建筑业国内生产总值累计同比增长率
		D7	建筑业总产值累计同比增长率
		D8	建筑业劳动生产率
		D9	建筑业景气指数
		D10	建筑业企业家信心指数
	建筑业绩效水平（P）	P1	总资产报酬率（年化）
		P2	营业利润 / 营业总收入
		P3	净利润 / 营业总收入
		P4	息税前利润 / 营业总收入
		P5	营业总收入同比增长率
		P6	投入资本回报率
		P7	权益乘数
		P8	资产负债率

说明：

（1）中国内地上市公司的财务报表遵循我国制定的会计准则，而港股上市公司的财务报表完全按照国际会计准则编制，因此，在部分专有名词术语上存在字面或翻译上的些许差异。体现在本报告中的部分如下：三级指标"营运资本"F2 在港股中为"净营运资本"，"实收资本"F5 在港股中为"股本"，"资本公积金"F6 在港股中为"储备"，"投资净收益"F7 在港股中为"金融投资净收益"，"投资活动现金净流量"（TTM）F8 在港股中为"投资活动产生的现金流量净额"，"筹资活动现金净流量"（TTM）在港股中为"融资活动产生的现金流量净额"。

（2）港股上市公司的财务报表中未公布现金比率 S10，因此，本报告首先在港股上市公司财务报表中获取速动比率数据 A1；其次，运用资产负债表计算得到"应收账款及票据"与"流动负债"的比值 A2；最后，计算两者的差值（A1－A2）并用以表示港股上市公司的现金比率。

一、建筑业金融支持水平

建筑业金融支持水平主要基于直接融资和间接融资的视角来考察建筑企业所获取的金融支持程度，具体选取依据如下。

（一）留存收益

留存收益是指企业经营过程中内部积累的资本，包括按相关规定从税后利润中提取的盈余公积金和未分配利润。一般而言，内部积累是企业最重要的资本来源，其中留存收益占据绝大部分，很大程度上能够反映企业自身的经营能力，因为所受限制很小，对于资金量要求较大、项目周期长的建筑企业而言尤为重要，故而是衡量其金融支持水平的重要指标。

本指标以所选取的代表性建筑企业为样本，按市值加权后得到建筑业加权平均留存收益，具体计算公式如式（3-1）所示。

$$\mathrm{WRE}_{t,\,\mathrm{CON}} = \sum_{i=1}^{n} \left(\frac{\mathrm{MV}_i}{\mathrm{TMV}_{\mathrm{CON}}} \times \mathrm{RE}_{t,\,i} \right) \tag{3-1}$$

其中，$i=1, 2, \cdots, n$，表示建筑行业内的上市企业 i（入选企业详情见附录）；t 表示时期（年）；MV_i 代表上市企业 i 在报告测度年的年末市值；$\mathrm{TMV}_{\mathrm{CON}}$ 代表在建筑业中所选取的所有上市企业在报告测度年的年末市值合计值；$\mathrm{RE}_{t,\,i}$ 代表所选取的上市企业 i 在 t 时期（年）的留存收益。

（二）营运资本

营运资本是指企业流动资产减去流动负债后的余额，是按照账面价值将流动性资产转换成现金清偿全部流动性负债后剩余的货币量，即企业在经营中可供运用、周转的流动资金净额，营运资金是评价企业短期偿债能力的重要指标。对于建筑企业而言，通过营运资本向债权人和投资者展示其应付到期债务的能力，以增强市场信心，这十分关键。如果建筑企业的营运资本出现问题，将严重影响其筹集资金的能力。因此，将营运资本作为衡量企业金融支持水平的重要指标。

本指标以所选取的代表性建筑企业为样本，按市值加权后得到建筑业加权平均营运资本，具体计算公式如式（3-2）所示。

$$WWC_{t,\,CON} = \sum_{i=1}^{n} \left(\frac{MV_i}{TMV_{CON}} \times WC_{t,\,i} \right) \tag{3-2}$$

其中，$i=1, 2, \cdots, n$，表示建筑行业内的上市企业 i（入选企业详情见附录）；t 表示时期（年）；MV_i 代表上市企业 i 在报告测度年的年末市值；TMV_{CON} 代表在建筑业中所选取的所有上市企业在报告测度年的年末市值合计值；$WC_{t,\,i}$ 代表所选取的上市企业 i 在 t 时期（年）的营运资本。

（三）全部投入资本

投入资本指所有投资者（股权人、债权人）投入的资金总和，这些资金都是意图分享企业经营回报的。其与企业总资产有所差别，主要体现在投入资本中不包括无息负债，能够反映企业的一般融资能力。建筑企业通常被认为属于劳动密集型行业，对于资本的投入要求较低，但就其发展趋势而言，这一传统观点已经与现实不符，尤其是在大型及以上项目的实施过程中，资本密集型、技术密集型的特征已经十分明显，这对于建筑企业的资本投入提出了更高的要求。

本指标以所选取的代表性建筑企业为样本，按市值加权后得到建筑业加权平均投入资本，具体计算公式如式（3-3）所示。

$$WTIC_{t,\,CON} = \sum_{i=1}^{n} \left(\frac{MV_i}{TMV_{CON}} \times TIC_{t,\,i} \right) \tag{3-3}$$

其中，$i=1, 2, \cdots, n$，表示建筑行业内的上市企业 i（入选企业详情见附录）；t 表示时期（年）；MV_i 代表上市企业 i 在报告测度年的年末市值；TMV_{CON} 代表在建筑业中所选取的所有上市企业在报告测度年的年末市值合计值；$TIC_{t,\,i}$ 代表所选取的上市企业 i 在 t 时期（年）的全部投入资本。

（四）长期借款

长期借款是指离到期日在一年以上（不含一年），通常带息的借款、贷款及债券，包括长期银行借款、长期分期付款购买、资本性租赁负债、长期可转换债券、长期贷款、应付长期债券以及长期应付票据等。对于建筑企业来说，长期借款是投入资本之外企业项目投资中的主要资金来源之一，可以在一定程度上弥补其流动资金的不足，往往对正常施工生产经营资金起到托底作用，同时对其扩大经营提供支持。

本指标以所选取的代表性建筑企业为样本，按市值加权后得到建筑业加权平均长期借款，具体计算公式如式（3-4）所示。

$$\text{WLL}_{t,\,\text{CON}} = \sum_{i=1}^{n} \left(\frac{\text{MV}_i}{\text{TMV}_{\text{CON}}} \times \text{LL}_{t,\,i} \right)$$ （3-4）

其中，$i=1, 2, \cdots, n$，表示建筑行业内的上市企业 i（入选企业详情见附录）；t 表示时期（年）；MV_i 代表上市企业 i 在报告测度年的年末市值；TMV_{CON} 代表在建筑业中所选取的所有上市企业在报告测度年的年末市值合计值；$\text{LL}_{t,\,i}$ 代表所选取的上市企业 i 在 t 时期（年）的长期借款。

（五）实收资本

实收资本是指企业接受投资者投入的实际资本，是企业注册登记的法定资本总额的来源，它表明所有者对企业的基本产权关系，是企业据以向投资者进行利润或股利分配的主要依据。一般情况下，实收资本是无需偿还的，可以长期周转使用。对于建筑企业来说，实收资本的构成比例及总体规模，为企业所有者提供了参与企业财务经营决策的基础，一定程度上为企业确定发展战略划定了约束条件。

本指标以所选取的代表性建筑企业为样本，按市值加权后得到建筑业加权平均实收资本，具体计算公式如式（3-5）所示。

$$\text{WPC}_{t,\,\text{CON}} = \sum_{i=1}^{n} \left(\frac{\text{MV}_i}{\text{TMV}_{\text{CON}}} \times \text{PC}_{t,\,i} \right)$$ （3-5）

其中，$i=1, 2, \cdots, n$，表示建筑行业内的上市企业 i（入选企业详情见附录）；t 表示时期（年）；MV_i 代表上市企业 i 在报告测度年的年末市值；TMV_{CON} 代表在建筑业中所选取的所有上市企业在报告测度年的年末市值合计值；$\text{PC}_{t,\,i}$ 代表所选取的上市企业 i 在 t 时期（年）的实收资本。

（六）资本公积金

资本公积金是指直接由资本原因形成的公积金，即企业收到投资者出资超过其注册资本或股本中所占份额的部分，作为资本溢价或股本溢价，是企业所有者权益的组成部分。由于是企业非经营原因产生的资产增值，是非收益转化而形成的所有者权益，资本公积金对于巩固建筑企业的财产基础、防范经营风险、增强企业信用等具有重要作用。

本指标以所选取的代表性建筑企业为样本，按市值加权后得到建筑业加权平均资本公积金，具体计算公式如式（3-6）所示。

$$WAPC_{t,\,CON} = \sum_{i=1}^{n} (\frac{MV_i}{TMV_{CON}} \times APC_{t,\,i})\qquad（3-6）$$

其中，$i=1, 2, \cdots, n$，表示建筑行业内的上市企业 i（入选企业详情见附录）；t 表示时期（年）；MV_i 代表上市企业 i 在报告测度年的年末市值；TMV_{CON} 代表在建筑业中所选取的所有上市企业在报告测度年的年末市值合计值；$APC_{t,\,i}$ 代表所选取的上市企业 i 在 t 时期（年）的资本公积金。

（七）投资净收益

投资净收益反映企业对外投资所取得的利润、股利和债券利息等收入减去投资损失后的净收益，此外，一般还包括投资到期收回或者中途转让取得款项大于账面价值的差额，以及按照权益法记账的股票投资、其他投资在被投资单位增加的净资产中所拥有的数额等。对于建筑企业，尤其是上市建筑企业而言，投资净收益能够集中体现企业的资本运营能力，从长期来看对于建筑企业获得资本市场支持极具参考意义。

本指标以所选取的代表性建筑企业为样本，按市值加权后得到建筑业加权平均投资净收益，具体计算公式如式（3-7）所示。

$$WCI_{t,\,CON} = \sum_{i=1}^{n} (\frac{MV_i}{TMV_{CON}} \times CI_{t,\,i})\qquad（3-7）$$

其中，$i=1, 2, \cdots, n$，表示建筑行业内的上市企业 i（入选企业详情见附录）；t 表示时期（年）；MV_i 代表上市企业 i 在报告测度年的年末市值；TMV_{CON} 代表在建筑业中所选取的所有上市企业在报告测度年的年末市值合计值；$CI_{t,\,i}$ 代表所选取的上市企业 i 在 t 时期（年）的投资净收益。

（八）价值变动净收益

价值变动净收益包括投资净收益、公允价值变动净收益、汇兑净收益，反映企业投资获利水平，其发生额取决于被投资公司的收益质量、证券资产的质量、国内外金融市场的变化，一定程度上具有不确定性，可持续性较差。通过衡量建筑企业的价值变动净收益，能够对其某一时期的收益状况形成更为完整的认识。

本指标以所选取的代表性建筑企业为样本，按市值加权后得到建筑业加权平均价值变动净收益，具体计算公式如式（3-8）所示。

$$\text{WGVG}_{t,\text{CON}} = \sum_{i=1}^{n} \left(\frac{\text{MV}_i}{\text{TMV}_{\text{CON}}} \times \text{GVG}_{t,i} \right) \qquad （3-8）$$

其中，$i=1, 2, \cdots, n$，表示建筑行业内的上市企业 i（入选企业详情见附录）；t 表示时期（年）；MV_i 代表上市企业 i 在报告测度年的年末市值；TMV_{CON} 代表在建筑业中所选取的所有上市企业在报告测度年的年末市值合计值；$\text{GVG}_{t,i}$ 代表所选取的上市企业 i 在 t 时期（年）的价值变动净收益。

（九）投资活动现金净流量

投资活动现金流量是指企业长期资产（通常指一年以上）的购建及其处置产生的现金流量，包括购建固定资产、长期投资现金流量和处置长期资产现金流量等，反映企业的长期发展战略。具体到建筑企业，由于相较其他行业更易受到各方面软硬环境的影响，其投资活动现金净流量更能体现其发展定力与长期战略眼光。

本指标以所选取的代表性建筑企业为样本，按市值加权后得到建筑业加权平均投资活动现金净流量，具体计算公式如式（3-9）所示。

$$\text{WIAF}_{t,\text{CON}} = \sum_{i=1}^{n} \left(\frac{\text{MV}_i}{\text{TMV}_{\text{CON}}} \times \text{IAF}_{t,i} \right) \qquad （3-9）$$

其中，$i=1, 2, \cdots, n$，表示建筑行业内的上市企业 i（入选企业详情见附录）；t 表示时期（年）；MV_i 代表上市企业 i 在报告测度年的年末市值；TMV_{CON} 代表在建筑业中所选取的所有上市企业在报告测度年的年末市值合计值；$\text{IAF}_{t,i}$ 代表所选取的上市企业 i 在 t 时期（年）的投资活动现金净流量。

（十）筹资活动现金净流量

筹资活动现金净流量是指企业经营过程中所产生的与筹资活动相关的现金流入和现金流出两者的差额，是企业资本及债务的规模和构成发生变化的活动所产生的现金流量。对于建筑企业而言，将之与其经营活动和投资活动通盘考量，能够更为深入地对其当下经营活动进行剖析，同时也能够对其长期发展所依赖的资本结构形成预判。

本指标以所选取的代表性建筑企业为样本，按市值加权后得到建筑业加权平均筹资活动现金净流量，具体计算公式如式（3-10）所示。

$$\text{WFAF}_{t,\,\text{CON}} = \sum_{i=1}^{n} \left(\frac{\text{MV}_i}{\text{TMV}_{\text{CON}}} \times \text{FAF}_{t,\,i} \right) \tag{3-10}$$

其中，$i=1,2,\cdots,n$，表示建筑行业内的上市企业 i（入选企业详情见附录）；t 表示时期（年）；MV_i 代表上市企业 i 在报告测度年的年末市值；TMV_{CON} 代表在建筑业中所选取的所有上市企业在报告测度年的年末市值合计值；$\text{FAF}_{t,\,i}$ 代表所选取的上市企业 i 在 t 时期（年）的筹资活动现金净流量。

二、建筑业资本可持续水平

建筑业资本可持续水平重点描述了建筑企业的可持续发展保障水平，本报告主要基于企业盈利覆盖成本的程度、盈利可持续性、企业成长性及发展前景可持续性和营运能力可持续性视角探讨建筑业的资本可持续水平，具体选取依据如下。

（一）市销率

市销率一般是指企业总市值与其主营业务收入的比值，广泛应用于考察企业收益基础的稳定性和可靠性，以便于有效把握其收益的质量水平，市销率越低，说明该公司股票的投资价值越大。建筑企业所涉及的商品具有其特殊性，市销率数据对于判断其可持续发展水平十分关键，能够维持较低市销率，意味着该企业获得同样销售收入所需要付出的成本更低，考虑到建筑企业成本的一般构成，这一指标对于评价其资本可持续性很具参考价值。

本指标以所选取的代表性建筑企业为样本，按市值加权后得到建筑业加权平均市销率，具体计算公式如式（3-11）所示。

$$\text{WPS}_{t,\,\text{CON}} = \sum_{i=1}^{n} \left(\frac{\text{MV}_i}{\text{TMV}_{\text{CON}}} \times \text{PS}_{t,\,i} \right) \tag{3-11}$$

其中，$i=1,2,\cdots,n$，表示建筑行业内的上市企业 i（入选企业详情见附录）；t 表示时期（年）；MV_i 代表上市企业 i 在报告测度年的年末市值；TMV_{CON} 代表在建筑业中所选取的所有上市企业在报告测度年的年末市值合计值；$\mathrm{PS}_{t,i}$代表所选取的上市企业i在t时期（年）的市销率。

（二）股息率

股息率，即股票获利率，是指企业每年分配给股东的股息占股价的百分比。股息率是资本市场用来衡量建筑企业是否具有投资价值的重要标尺之一。投资者从自身收益出发，在挑选股票时，往往将企业股息率作为重要参考指标。建筑企业股票如具备较高且稳定的股息率，那么就会向投资者传达明确关于预期回报的信号，从而强化市场对该企业的长期投资理念，保障该企业资本可持续能力。

本指标以所选取的代表性建筑企业为样本，按市值加权后得到建筑业加权平均股息率，具体计算公式如式（3-12）所示。

$$\mathrm{WDR}_{t,\,\mathrm{CON}} = \sum_{i=1}^{n} \left(\frac{\mathrm{MV}_i}{\mathrm{TMV}_{\mathrm{CON}}} \times \mathrm{DR}_{t,\,i} \right) \qquad （3\text{-}12）$$

其中，$i=1, 2, \cdots, n$，表示建筑行业内的上市企业i（入选企业详情见附录）；t表示时期（年）；MV_i代表上市企业i在报告测度年的年末市值；$\mathrm{TMV}_{\mathrm{CON}}$代表在建筑业中所选取的所有上市企业在报告测度年的年末市值合计值；$\mathrm{DR}_{t,\,i}$代表所选取的上市企业i在t时期（年）的股息率。

（三）基本每股收益

基本每股收益是指企业在一定会计期间内的加权平均流通普通股每股收益，用属于普通股股东的当期净利润，除以发行在外普通股的加权平均数而得到。与股息率类似，建筑企业股票的基本每股收益，是另一个投资者用于投资决策参考的直观指标，较高的基本每股收益对于提振市场投资该公司的信心具有重要影响。

本指标以所选取的代表性建筑企业为样本，按市值加权后得到建筑业加权平均基本每股收益，具体计算公式如式（3-13）所示。

$$\mathrm{WEPS}_{t,\,\mathrm{CON}} = \sum_{i=1}^{n} \left(\frac{\mathrm{MV}_i}{\mathrm{TMV}_{\mathrm{CON}}} \times \mathrm{EPS}_{t,\,i} \right) \qquad （3\text{-}13）$$

其中，$i=1, 2, \cdots, n$，表示建筑行业内的上市企业i（入选企业详情见附录）；

t 表示时期（年）；MV_i 代表上市企业 i 在报告测度年的年末市值；TMV_{CON} 代表在建筑业中所选取的所有上市企业在报告测度年的年末市值合计值；$EPS_{t,i}$ 代表所选取的上市企业 i 在 t 时期（年）的基本每股收益。

（四）每股息税前利润

每股息税前利润是指一定会计期间内企业息税前利润（来自 Wind 数据库）与报告期末总股本的比值，其中，息税前利润是指企业支付利息和所得税之前的利润。由于建筑企业主营业务的特殊性，往往需要维持一定水平的杠杆率。与其他指标结合，每股息税前利润可用以考察企业经营的杠杆率变化，从而判断其是否处于合理区间范围内。

本指标以所选取的代表性建筑企业为样本，按市值加权后得到建筑业加权平均每股息税前利润，具体计算公式如式（3-14）所示。

$$WEBIT_{t,CON} = \sum_{i=1}^{n} \left(\frac{MV_i}{TMV_{CON}} \times EBIT_{t,i} \right) \qquad (3\text{-}14)$$

其中，$i = 1, 2, \cdots, n$，表示建筑行业内的上市企业 i（入选企业详情见附录）；t 表示时期（年）；MV_i 代表上市企业 i 在报告测度年的年末市值；TMV_{CON} 代表在建筑业中所选取的所有上市企业在报告测度年的年末市值合计值；$EBIT_{t,i}$ 代表所选取的上市企业 i 在 t 时期（年）的每股息税前利润。

（五）超额收益率

超额收益率，顾名思义，是指超过正常收益率的收益率，即某考察期内某企业的收益率与市场当期正常收益率之差。由于超额收益率较易受到突发事件的影响，具体到建筑企业，考察其超额收益率的动态变化过程，能够更为充分地了解其生存环境，从而反映其市场地位与行情变化，对于判断其未来发展趋势十分重要。

本指标以所选取的代表性建筑企业为样本，按市值加权后得到建筑业加权平均超额收益率，具体计算公式如式（3-15）所示。

$$WER_{t,CON} = \sum_{i=1}^{n} \left(\frac{MV_i}{TMV_{CON}} \times ER_{t,i} \right) \qquad (3\text{-}15)$$

其中，$i = 1, 2, \cdots, n$，表示建筑行业内的上市企业 i（入选企业详情见附录）；

t表示时期（年）；MV_i代表上市企业i在报告测度年的年末市值；TMV_{CON}代表在建筑业中所选取的所有上市企业在报告测度年的年末市值合计值；$ER_{t,i}$代表所选取的上市企业i在t时期（年）的超额收益率。

（六）Sharpe ratio（夏普指数）

Sharpe ratio是指每承受一单位总风险所产生的超额收益，经由"Sharpe ratio =（年化后的平均收益率－无风险收益率）/年化后的波动率"计算得到，是一个可以同时对收益与风险加以考虑的综合指标，是考察风险与收益关系的三大经典指标之一。

本指标以所选取的代表性建筑企业为样本，按市值加权后得到建筑业加权平均Sharpe ratio，具体计算公式如式（3-16）所示。

$$WSR_{t,\,CON} = \sum_{i=1}^{n} \left(\frac{MV_i}{TMV_{CON}} \times SR_{t,\,i} \right) \qquad （3-16）$$

其中，$i = 1, 2, \cdots, n$，表示建筑行业内的上市企业i（入选企业详情见附录）；t表示时期（年）；MV_i代表上市企业i在报告测度年的年末市值；TMV_{CON}代表在建筑业中所选取的所有上市企业在报告测度年的年末市值合计值；$SR_{t,\,i}$代表所选取的上市企业i在t时期（年）的Sharpe ratio。

（七）Treynor ratio（特雷诺指数）

Treynor ratio是每单位风险获得的风险溢价，经由"Treynor ratio =（年化后的平均收益率－无风险收益率）/系统风险"计算得到，是判断某一证券所冒风险是否有利于投资者的重要指标。该指数数值越大，单位风险溢价越高，建筑企业股票的表现越好；数值越小，单位风险溢价越低，建筑企业股票的表现越差。

本指标以所选取的代表性建筑企业为样本，按市值加权后得到建筑业加权平均Treynor ratio，具体计算公式如式（3-17）所示。

$$WTR_{t,\,CON} = \sum_{i=1}^{n} \left(\frac{MV_i}{TMV_{CON}} \times TR_{t,\,i} \right) \qquad （3-17）$$

其中，$i = 1, 2, \cdots, n$，表示建筑行业内的上市企业i（入选企业详情见附录）；t表示时期（年）；MV_i代表上市企业i在报告测度年的年末市值；TMV_{CON}代表在建筑业中所选取的所有上市企业在报告测度年的年末市值合计值；$TR_{t,i}$代表所选取的上市企业i在t时期（年）的Treynor ratio。

（八）流动比率

流动比率是指流动资产对流动负债的比率，用来衡量企业流动资产在短期债务到期以前，可以变为现金用于偿还负债的能力。由于建筑企业较高的资金需求量，以及较长的建设周期，易形成长且复杂的债权链，如出现违约风险，往往影响恶劣。一般说来，如果企业流动比率较高，说明该企业资产的变现能力较强，短期偿债能力亦较强，对于稳定供应商具有重要作用，从而获得相对优势。

本指标以所选取的代表性建筑企业为样本，按市值加权后得到建筑业加权平均流动比率，具体计算公式如式（3-18）所示。

$$WCR_{t,\,CON} = \sum_{i=1}^{n} \left(\frac{MV_i}{TMV_{CON}} \times CR_{t,\,i} \right) \tag{3-18}$$

其中，$i=1,2,\cdots,n$，表示建筑行业内的上市企业i（入选企业详情见附录）；t表示时期（年）；MV_i代表上市企业i在报告测度年的年末市值；TMV_{CON}代表在建筑业中所选取的所有上市企业在报告测度年的年末市值合计值；$CR_{t,i}$代表所选取的上市企业i在t时期（年）的流动比率。

（九）速动比率

速动比率是指企业速动资产与流动负债的比率，速动资产是指企业流动资产减去存货和预付费用后的余额，是衡量企业流动资产中可以立即变现用于偿还流动负债的能力的重要指标。速动比率与流动比率类似，是评价企业偿债能力的重要指标，速动比率的高低能直接反映建筑企业的短期偿债能力强弱，且比流动比率更加直观可信。

本指标以所选取的代表性建筑企业为样本，按市值加权后得到建筑业加权平均速动比率，具体计算公式如式（3-19）所示。

$$WAR_{t,\,CON} = \sum_{i=1}^{n} \left(\frac{MV_i}{TMV_{CON}} \times AR_{t,\,i} \right) \tag{3-19}$$

其中，$i=1,2,\cdots,n$，表示建筑行业内的上市企业i（入选企业详情见附录）；

t表示时期（年）；MV_i代表上市企业i在报告测度年的年末市值；TMV_{CON}代表在建筑业中所选取的所有上市企业在报告测度年的年末市值合计值；$AR_{t,i}$代表所选取的上市企业i在t时期（年）的速动比率。

（十）现金比率

现金比率反映公司现金及现金等价物对流动负债的保障程度，是考察企业的短期偿债能力时最为直观的指标。建筑企业的现金比率越高，说明其变现能力越强，短期偿债能力也越强。

本指标以所选取的代表性建筑企业为样本，按市值加权后得到建筑业加权平均现金比率，具体计算公式如式（3-20）所示。

$$WCAR_{t,CON} = \sum_{i=1}^{n}(\frac{MV_i}{TMV_{CON}} \times CAR_{t,i}) \tag{3-20}$$

其中，$i=1,2,\cdots,n$，表示建筑行业内的上市企业i（入选企业详情见附录）；t表示时期（年）；MV_i代表上市企业i在报告测度年的年末市值；TMV_{CON}代表在建筑业中所选取的所有上市企业在报告测度年的年末市值合计值；$CAR_{t,i}$代表所选取的上市企业i在t时期（年）的现金比率。

（十一）产权比率

产权比率指企业负债总额与所有者权益总额的比率，是评估企业股权结构合理性的重要指标。对于建筑企业而言，产权比率是衡量企业长期偿债能力的良好指标之一，反映该企业财务结构是否稳健，产权比率越低，表明该企业自有资本占总资产的比重越大，长期偿债能力也就越强。

本指标以所选取的代表性建筑企业为样本，按市值加权后得到建筑业加权平均产权比率，具体计算公式如式（3-21）所示。

$$WER_{t,CON} = \sum_{i=1}^{n}(\frac{MV_i}{TMV_{CON}} \times ER_{t,i}) \tag{3-21}$$

其中，$i=1,2,\cdots,n$，表示建筑行业内的上市企业i（入选企业详情见附录）；t表示时期（年）；MV_i代表上市企业i在报告测度年的年末市值；TMV_{CON}代表在建筑业中所选取的所有上市企业在报告测度年的年末市值合计值；$ER_{t,i}$代表所选取的上市企业i在t时期（年）的产权比率。

（十二）净资产收益率

净资产收益率是指企业净利润与平均股东权益的百分比，经由税后利润除以净资产得到，能够反映股东权益的收益水平，用以衡量公司运用自有资本的效率。于建筑企业而言，净资产收益率的大小能够较为直观地反映企业的盈利能力，通过对比分析建筑企业的平均净资产收益率的纵向变化可以直观反映该行业的盈利水平。

本指标以所选取的代表性建筑企业为样本，按市值加权后得到建筑业加权平均净资产收益率，具体计算公式如式（3-22）所示。

$$WROE_{t,\,CON} = \sum_{i=1}^{n} \left(\frac{MV_i}{TMV_{CON}} \times ROE_{t,\,i} \right) \qquad （3-22）$$

其中，$i = 1, 2, \cdots, n$，表示建筑行业内的上市企业 i（入选企业详情见附录）；t 表示时期（年）；MV_i 代表上市企业 i 在报告测度年的年末市值；TMV_{CON} 代表在建筑业中所选取的所有上市企业在报告测度年的年末市值合计值；$ROE_{t,\,i}$ 代表所选取的上市企业 i 在 t 时期（年）的净资产收益率。

三、建筑业基础发展水平

建筑业发展水平重点描述了我国建筑行业在国民经济中的影响地位和发展质量。具体选取依据如下。

（一）建筑业国内生产总值

国内生产总值是观测宏观经济的四大重要指标之一，分行业维度下国内生产总值中的建筑业绝对值水平则可以直观映射建筑业在一段时期内生产活动的最终成果和行业发展水平。

（二）建筑业总产值

总产值是综合反映物质生产部门的常住单位在一定时期内生产总规模的指标，包括了产品生产过程中形成的全部价值，突出总量性的特点，与国内生产总值所体现的最终产品价值存在差异，分行业维度下建筑业总产值可以全面映射建筑业转移到产品中的物质资料消耗的价值和新创造的价值，体现的是建筑业生产经营活动的全部价值成果。

（三）PPP项目总投资

政府和社会资本合作（PPP）项目是政府方与社会资本方依法进行的项目合作，PPP模式在我国的应用较晚，党的十八大后才得到重视并出台相关政策，通过形成伙伴式的合作关系发挥双方优势，并最终使合作各方达到比预期单独行动更为有利的结果。PPP项目总投资的规模可以间接反映建筑业在该类新型运作模式中所得到的支持，进而侧面体现建筑业的发展水平。

（四）建筑企业人员数

作为劳动密集型产业，建筑企业的人员数能够直观表现行业的用工需求和发展现状，企业所签订的合同金额能够映射当前建筑市场是处于扩张抑或收缩态势。

（五）建筑企业签订合同金额

宏观角度统计的建筑企业签订的合同金额总额能够反映本行业总体的经营规模和持续发展水平。

（六）建筑业国内生产总值累计同比增长率

建筑业国内生产总值的累计同比增长率，能够基于纵向视角，说明相较于前一对比时期行业发展是处于增长抑或衰退阶段。

（七）建筑业总产值累计同比增长率

建筑业总产值累计同比增长率，能够基于纵向视角，说明相较于前一对比时期行业生产经营活动产生的价值成果变化情况。

（八）建筑业劳动生产率

劳动生产率是指劳动者在一定时期内创造的劳动成果与其相适应的劳动消耗量的比值。建筑业的劳动生产率由该行业内生产力的发展水平所决定，其大小与建筑业发展水平密不可分。

（九）建筑业景气指数

景气指数是对建筑企业景气调查中的定性指标通过定量方法加工汇总，以综合反映建筑业所处状态或发展趋势的一种指标。该指数取值范围为 $0 \sim 200$，以 100 为景气指数临界值。当景气指数 > 100 时，表明行业发展态势趋于上升或改善；当景气指数＜100时，表明行业发展态势趋于下降或恶化。

（十）建筑企业家信心指数

企业家信心指数根据企业家对企业外部市场经济环境与宏观政策的认识、看法、判断和预期而编制，该指数取值范围为 0 ～ 200，以 100 为临界值。当信心指数＞100时，表明建筑业处于景气状态，经济运行向好的方向发展；当信心指数＜100时，表明建筑业处于不景气状态，经济运行向不利的方向发展。

四、建筑业绩效水平

建筑业绩效水平重点描述了建筑企业在一定经营期间内的经营效益和业绩水平，主要表现在盈利能力、资产运营水平、偿债能力和后续发展能力等方面。本报告主要基于企业盈利能力视角探讨建筑业的绩效水平，具体选取依据如下。

（一）总资产报酬率

总资产报酬率是指企业一定时期内获得的息税前利润与总资产的比率，用以表示企业运用全部资产的总体获利能力，一般认为是评价企业资产运营效益的重要指标。通过衡量建筑企业的总资产报酬率，可以形成关于行业内相关企业经营绩效最为直观的印象，总资产报酬率越高，意味着该建筑企业的经营绩效越好。

本指标以所选取的代表性建筑企业为样本，按市值加权后得到建筑业加权平均总资产报酬率，具体计算公式如式（3-23）所示。

$$\mathrm{WRTR}_{t,\,\mathrm{CON}} = \sum_{i=1}^{n} \left(\frac{\mathrm{MV}_i}{\mathrm{TMV}_{\mathrm{CON}}} \times \mathrm{RTR}_{t,\,i} \right) \tag{3-23}$$

其中，$i=1,2,\cdots,n$，表示建筑行业内的上市企业 i（入选企业详情见附录）；t 表示时期（年）；MV_i 代表上市企业 i 在报告测度年的年末市值；$\mathrm{TMV}_{\mathrm{CON}}$ 代表在建筑业中所选取的所有上市企业在报告测度年的年末市值合计值；$\mathrm{RTR}_{t,\,i}$ 代表所选取的上市企业 i 在 t 时期（年）的总资产报酬率。

（二）营业利润率

营业利润率是指企业经营所得的营业利润占营业总收入的百分比，这一指标能综合反映企业或行业的营业效率，整体反映企业的主要业务的盈利能力。

在建筑企业不断拓展其业务范围的背景下，考察其营业利润率，成为评价其拓展战略成功与否的重要参考。

本指标以所选取的代表性建筑企业为样本，按市值加权后得到建筑业加权平均营业利润率，具体计算公式如式（3-24）所示。

$$\text{WOPR}_{t,\text{CON}} = \sum_{i=1}^{n} \left(\frac{\text{MV}_i}{\text{TMV}_{\text{CON}}} \times \text{OPR}_{t,i} \right) \qquad (3\text{-}24)$$

其中，$i=1,2,\cdots,n$，表示建筑行业内的上市企业 i（入选企业详情见附录）；t 表示时期（年）；MV_i 代表上市企业 i 在报告测度年的年末市值；TMV_{CON} 代表在建筑业中所选取的所有上市企业在报告测度年的年末市值合计值；$\text{OPR}_{t,i}$ 代表所选取的上市企业 i 在 t 时期（年）的营业利润率。

（三）净利润率

净利润率是指企业经营所得的净利润占营业总收入的百分比，是能够综合反映企业或行业的营业效率的又一个指标。与其他指标如主营利润率等进行对比分析，能够形成对企业总体盈利能力的更为深入的认识。通过对比分析建筑企业平均净利率的纵向变化，可以间接反映该行业的绩效水平是呈现升高抑或降低状态。

本指标以所选取的代表性建筑企业为样本，按市值加权后得到建筑业加权平均净利润率，具体计算公式如式（3-25）所示。

$$\text{WNPR}_{t,\text{CON}} = \sum_{i=1}^{n} \left(\frac{\text{MV}_i}{\text{TMV}_{\text{CON}}} \times \text{NPR}_{t,i} \right) \qquad (3\text{-}25)$$

其中，$i=1,2,\cdots,n$，表示建筑行业内的上市企业 i（入选企业详情见附录）；t 表示时期（年）；MV_i 代表上市企业 i 在报告测度年的年末市值；TMV_{CON} 代表在建筑业中所选取的所有上市企业在报告测度年的年末市值合计值；$\text{NPR}_{t,i}$ 代表所选取的上市企业 i 在 t 时期（年）的净利润率。

（四）息税前利润率

息税前利润率是反映企业经营能力的另一个关键指标，是企业经营获得的可供全体投资人（股东和债权人）分配的盈利占企业全部经营收入的百分比，即支付利息和所得税之前的利润/营业总收入。其与上述两个指标一起构成资本市场分析企业总体盈利能力的一般框架。

本指标以所选取的代表性建筑企业为样本，按市值加权后得到建筑业加权平均息税前利润率，具体计算公式如式（3-26）所示。

$$\mathrm{WETR}_{t,\,\mathrm{CON}} = \sum_{i=1}^{n} \left(\frac{\mathrm{MV}_i}{\mathrm{TMV}_{\mathrm{CON}}} \times \mathrm{ETR}_{t,\,i} \right) \qquad （3-26）$$

其中，$i = 1, 2, \cdots, n$，表示建筑行业内的上市企业 i（入选企业详情见附录）；t 表示时期（年）；MV_i 代表上市企业 i 在报告测度年的年末市值；$\mathrm{TMV}_{\mathrm{CON}}$ 代表在建筑业中所选取的所有上市企业在报告测度年的年末市值合计值；$\mathrm{ETR}_{t,\,i}$ 代表所选取的上市企业 i 在 t 时期（年）的息税前利润率。

（五）营业总收入同比增长率

营业总收入作为企业取得利润的重要保障，包含了企业在主营业务和其他业务中所取得的收入，是企业在一定时期内销售商品或提供劳务所获得的资金回报，其实现与企业再生产活动的正常进行紧密相关，反映企业主要经营成果。营业收入同比增长率是指企业在一定期间内取得的营业收入与其上年同期营业收入相比的增长比例。对于建筑企业而言，对其营业总收入同比增长率进行考察，可以在横向、纵向获得关于该企业在总体营业收入的变化情况及其在行业中的相对位置。

本指标以所选取的代表性建筑企业为样本，按市值加权后得到建筑业加权平均营业总收入同比增长率，具体计算公式如式（3-27）所示。

$$\mathrm{WRGR}_{t,\,\mathrm{CON}} = \sum_{i=1}^{n} \left(\frac{\mathrm{MV}_i}{\mathrm{TMV}_{\mathrm{CON}}} \times \mathrm{RGR}_{t,\,i} \right) \qquad （3-27）$$

其中，$i = 1, 2, \cdots, n$，表示建筑行业内的上市企业 i（入选企业详情见附录）；t 表示时期（年）；MV_i 代表上市企业 i 在报告测度年的年末市值；$\mathrm{TMV}_{\mathrm{CON}}$ 代表在建筑业中所选取的所有上市企业在报告测度年的年末市值合计值；$\mathrm{RGR}_{t,\,i}$ 代表所选取的上市企业 i 在 t 时期（年）的营业总收入同比增长率。

（六）投入资本回报率

投入资本回报率是指息税前经营利润与投入资本的比例，用于衡量投入资本的使用效果，是用来评估企业历史绩效的指标，一定程度上决定着企业的未来价值。具体到建筑企业，其投入资本回报率反映了其在一定市场条件下的价值创造能力，较高的投入资本回报率，往往意味着较高的管理水平与良好的发展势头。

本指标以所选取的代表性建筑企业为样本，按市值加权后得到建筑业加权平均投入资本回报率，具体计算公式如式（3-28）所示。

$$\mathrm{WROIC}_{t,\,\mathrm{CON}} = \sum_{i=1}^{n}\left(\frac{\mathrm{MV}_i}{\mathrm{TMV}_{\mathrm{CON}}} \times \mathrm{ROIC}_{t,\,i}\right) \tag{3-28}$$

其中，$i=1,2,\cdots,n$，表示建筑行业内的上市企业 i（入选企业详情见附录）；t 表示时期（年）；MV_i 代表上市企业 i 在报告测度年的年末市值；$\mathrm{TMV}_{\mathrm{CON}}$ 代表在建筑业中所选取的所有上市企业在报告测度年的年末市值合计值；$\mathrm{ROIC}_{t,\,i}$ 代表所选取的上市企业 i 在 t 时期（年）的投入资本回报率。

（七）权益乘数

股东权益是指企业资产总额与股东权益总额的比例，反映企业财务杠杆的大小，权益乘数越大，说明股东投入的资本在资产中所占的比重越小，财务杠杆越大。对于建筑企业而言，较高的权益乘数意味着更高的负债水平，也即可能面临更高的财务风险。

本指标以所选取的代表性建筑企业为样本，按市值加权后得到建筑业加权平均权益乘数，具体计算公式如式（3-29）所示。

$$\mathrm{WEM}_{t,\,\mathrm{CON}} = \sum_{i=1}^{n}\left(\frac{\mathrm{MV}_i}{\mathrm{TMV}_{\mathrm{CON}}} \times \mathrm{EM}_{t,\,i}\right) \tag{3-29}$$

其中，$i=1,2,\cdots,n$，表示建筑行业内的上市企业 i（入选企业详情见附录）；t 表示时期（年）；MV_i 代表上市企业 i 在报告测度年的年末市值；$\mathrm{TMV}_{\mathrm{CON}}$ 代表在建筑业中所选取的所有上市企业在报告测度年的年末市值合计值；$\mathrm{EM}_{t,\,i}$ 代表所选取的上市企业 i 在 t 时期（年）的权益乘数。

（八）资产负债率

资产负债率是指企业负债总额占其资产总额的比例，用以衡量企业利用债权人提供的资金进行经营活动的能力，同时反映债权人发放贷款的安全程度的指标，是评价企业负债水平的综合指标。看待建筑企业的资产负债率，不能采取单一视角，极高或极低的资产负债率对于建筑企业的发展都会产生不良影响。极高的资产负债率可能意味着企业经营不善，债权人面临的风险较大；极低的资产负债率可能意味着企业资本未能得到充分利用，投资人面临的风险较大。

本指标以所选取的代表性建筑企业为样本，按市值加权后得到建筑业加权平均资产负债率，具体计算公式如式（3-30）所示。

$$\mathrm{WDAR}_{t,\,\mathrm{CON}} = \sum_{i=1}^{n} \left(\frac{\mathrm{MV}_i}{\mathrm{TMV}_{\mathrm{CON}}} \times \mathrm{DAR}_{t,\,i} \right) \qquad (3\text{-}30)$$

其中，$i=1, 2, \cdots, n$，表示建筑行业内的上市企业 i（入选企业详情见附录）；t 表示时期（年）；MV_i 代表上市企业 i 在报告测度年的年末市值；$\mathrm{TMV}_{\mathrm{CON}}$ 代表在建筑业中所选取的所有上市企业在报告测度年的年末市值合计值；$\mathrm{DAR}_{t,\,i}$ 代表所选取的上市企业 i 在 t 时期（年）的资产负债率。

第二节　宏观建筑金融指数的基本意义及算法

一、宏观建筑金融指数的基本意义

宏观建筑金融指数是表明我国建筑业金融发展动态的相对值，运用建筑金融指数可以测定不能直接相加和不能直接对比的建筑业自身及利用金融市场（工具）进行发展的动态水平；可以分析建筑金融发展总变动中各因素变动的影响程度；可以研究总平均指标变动中各组标志水平和总体结构变动的作用。本报告编制的建筑金融指数首创式地揭示了金融业对建筑业发展的重要影响及其相互关系。

宏观建筑金融指数以时间序列衡量我国建筑金融发展的整体水平，以 2005 年为基准，以 100 为基数，利用建筑金融领域在观测期内产生的数据进行综合计算，获取相应时间段的指数。

金融对我国建筑业发展的影响越来越重要，现阶段金融支持水平已经开始决定建筑业本身发展的速度和质量。无论从理论层面来讲，还是现实层面来讲，本报告都具有重要的意义。

二、宏观建筑金融指数的算法

为了更准确地估算建筑金融指数，并使得后续编制的指数具有延续性，本报告采用主观赋值与因子分析主成分提取法（客观赋值）相结合的方法来确定各指标的权重。由于本指数以往并无同类文献可参考，基于表 3-1 中所构建的指标体系，本报告编制组首先向建筑业及金融业内的相关专家咨询，综合加权平均专家们的赋值建议，按照 0.36，0.24，0.23，0.17 的比重进行赋权；其次，对每个二级指标中的各个三级指标运用因子分析法，提取各个二级指标中的主成分，再根据各主成分的方差贡献度对各个二级指标的主成分进行加权求和；最后，根据 4 个二级指标的主观权重，使用式（3-31）计算出各时间段的宏观建筑金融指数。

$$AF_t = 0.36 \times F_t + 0.24 \times S_t + 0.23 \times D_t + 0.17 \times P_t \qquad （3\text{-}31）$$

因子提取中运用的主成分分析法是将多个变量通过线性变换以选出较少变量的一种多元统计分析方法，其思想是将原来众多具有一定相关性的变量，重新组合成一组新的互相无关的综合指标来代替原来的指标。它借助于一个正交变换，将其分量相关的原随机向量转化成其分量不相关的新随机向量。这在代数上表现为将原随机向量的协方差阵变换成对角形阵，在几何上表现为将原坐标系变换成新的正交坐标系，使之指向样本点散布最开的 p 个正交方向，然后对多维变量系统进行降维处理。方差较大的几个新变量就能综合反映原各个变量所包含的主要信息，并且包含了自身特殊的含义。

主成分分析法的数学模型为：

$$z_1 = u_{11}X_1 + u_{12}X_2 + \cdots + u_{1p}X_p$$
$$z_2 = u_{21}X_1 + u_{22}X_2 + \cdots + u_{2p}X_p$$
$$\cdots$$
$$z_p = u_{p1}X_1 + u_{p2}X_2 + \cdots + u_{pp}X_p$$

其中，z_1，z_2，$\cdots$，z_p 为 p 个主成分。

主成分分析的基本步骤如下。

首先，对原有变量作坐标变换，可得：

$$z_1 = u_{11}x_1 + u_{21}x_2 + \cdots + u_{p1}x_p$$
$$z_2 = u_{12}x_1 + u_{22}x_2 + \cdots + u_{p2}x_p$$
$$\cdots$$
$$z_p = u_{1p}x_1 + u_{2p}x_2 + \cdots + u_{pp}x_p$$

其中：

$$u_{1k}^2 + u_{2k}^2 + \cdots + u_{pk}^2 = 1$$
$$\mathrm{Var}(z_i) = U_i^2 D(x) = U_i'D(x)U_i$$
$$\mathrm{Cov}(z_i, z_j) = U_i'D(x)U_j$$

其次，提取主成分：

称为第一主成分，其满足条件：

$$u_1'u_1 = 1$$
$$\mathrm{Var}(z_1) = \mathrm{Max\ VaR}(u'x)$$

称为第二主成分，其满足条件：

$$\mathrm{Cov}(z_1, z_2) = 0$$
$$u_2'u_2 = 1$$
$$\mathrm{Var}(z_2) = \mathrm{Max\ VaR}(U'X)$$

其余主成分所满足的条件依此类推。

主成分分析法的一般过程为：

（1）数据标准化处理。考虑指标量纲与数值之间差异较大，直接评价时大量纲、大数值指标会对评价结果产生较大影响，使得评价结果不科学。因此，对数据进行标准化处理，即所有指标改写为：$X_i' = \dfrac{X_i - \mu_i}{\sigma_i}$。其中，建筑业资本可持续水平大类的变量由于量纲一致，均为增长率的百分比相对数指标，不再进行标准化处理。

（2）多重共线性判断。计算标准化后数据的协方差矩阵，并求得该协方差矩阵的特征值，若最小特征值接近于1，则指标间存在多重共线性，存在重叠信息而影响结果。对原有指标进行线性回归与相关性分析，对于存在严重多重共线性的指标进行筛选，删除部分指标并剔除重叠信息。

（3）计算主成分。结合协方差矩阵的特征值与特征向量，计算评价指标体系的主成分。

（4）进行主成分分析。

第三节 宏观建筑金融指数构成要素的基础统计分析

本部分将重点描述宏观建筑金融指数四大构成要素中各个三级指标的基础统计情况，即使用Excel软件分别对二级指标内的三级基础指标样本数据进行描述性统计，统计结果如表3-5至表3-8、图3-1至图3-4所示，包含均值、中位数、最大值、最小值和标准差。

一、建筑业金融支持程度基础统计描述

表3-5 建筑业金融支持程度指标的基础统计分析

单位：亿元

基础指标	均值	中位数	最大值	最小值	标准差
建筑业平均留存收益 F1	219.08	158.60	603.25	9.33	197.19
建筑业平均营运资本 F2	624.25	452.14	1478.18	23.68	500.79
建筑业平均全部投入资本 F3	1493.48	1068.62	3621.04	64.31	1236.38
建筑业平均长期借款 F4	469.98	290.62	1348.47	10.35	465.43
建筑业平均实收资本 F5	78.56	78.20	207.25	9.64	42.66
建筑业平均资本公积金 F6	256.88	187.56	636.30	19.82	191.13
建筑业平均投资收益 F7	8.61	6.59	23.72	0.07	7.30
建筑业平均价值变动净收益（TTM）F8	15.17	12.57	37.77	0.31	12.93
建筑业平均投资活动现金净流量（TTM）F9	−117.59	−66.84	−1.57	−322.00	104.44
建筑业平均筹资活动现金净流量（TTM）F10	112.47	97.96	353.43	4.26	85.52

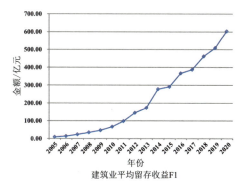

建筑业平均留存收益F1

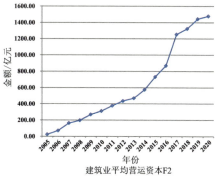

建筑业平均营运资本F2

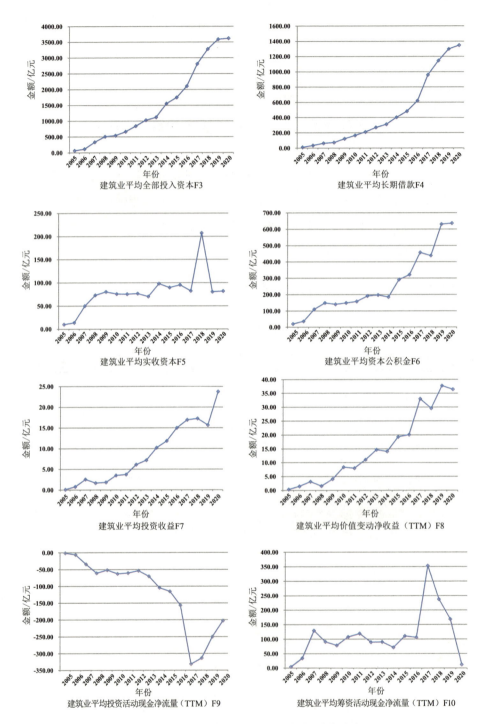

图3-1 建筑业金融支持程度各构成要素年度值

　　图3-1描述了建筑业金融支持程度各构成要素的趋势，通过观察各构成要素的趋势图可以发现，建筑业平均留存收益F1、建筑业平均营运资本F2、建筑业平均投入资本F3、建筑业平均长期借款F4、建筑业平均资本公积金F6、建筑业平均投资收益F7、建筑业平均价值变动净收益（TTM）F8在总量上呈现逐年增长的趋势；建筑业平均实收资本F5在2018年发生了显著变化，规模跃升至200亿元以上，其他年份变化并不显著，基本维持在50亿—100亿元；建筑业平均投资活动现金净流量（TTM）F9除2017年以来出现下降外，其他年份的投资活动现金绝对量呈现逐年上升趋势；建筑业平均筹资活动现金净流量（TTM）F10在2017年出现了跳跃式变化，筹资活动现金净流量相较于前值显著上升，随后年份出现显著回落。

二、建筑业资本可持续水平基础统计描述

表3-6　建筑业资本可持续水平指标的基础统计分析

基础指标	均值	中位数	最大值	最小值	标准差
建筑业平均市销率（TTM）S1	-2.68	-1.95	-1.23	-8.13	1.85
建筑业平均股息率 S2 单位：%	-2.28	-1.70	-0.56	-6.75	1.92
建筑业平均基本每股收益 S3 单位：元	1.05	0.80	2.36	0.37	0.68
建筑业平均每股息税前利润 S4 单位：元	1.78	1.37	4.74	0.62	1.35
建筑业平均 Alpha c S5	0.69	0.38	2.59	-0.15	0.83
建筑业平均 Sharpe（年化）d S6	0.02	0.07	0.89	-2.79	0.80
建筑业平均 Treynor（年化）e S7	0.04	0.24	3.42	-7.62	2.24
建筑业平均流动比率 S8	1.57	1.55	1.86	1.39	0.15
建筑业平均速动比率 S9	0.60	0.59	0.81	0.45	0.11
建筑业平均现金比率 S10	25.02	21.53	42.40	16.40	8.18
建筑业平均产权比率 S11	4.01	4.01	6.13	1.78	1.43
建筑业平均净资产收益率（年化）S12 单位：%	15.23	15.65	18.31	10.98	2.28

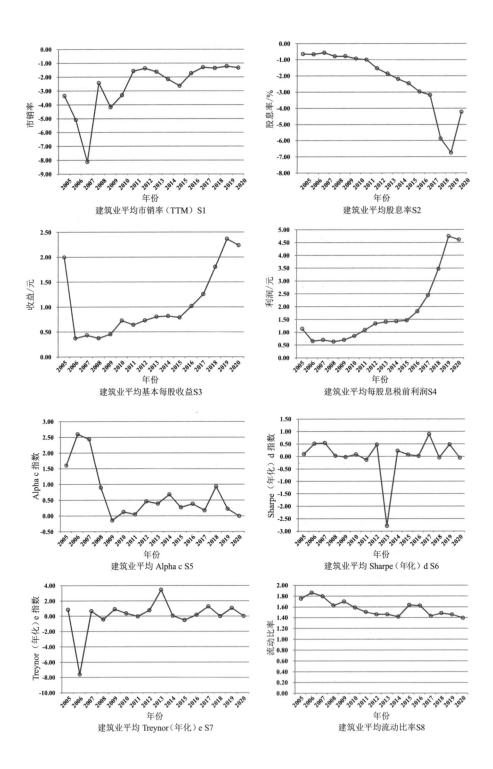

建筑业平均市销率（TTM）S1

建筑业平均股息率S2

建筑业平均基本每股收益S3

建筑业平均每股息税前利润S4

建筑业平均 Alpha c S5

建筑业平均 Sharpe（年化）d S6

建筑业平均 Treynor（年化）e S7

建筑业平均流动比率S8

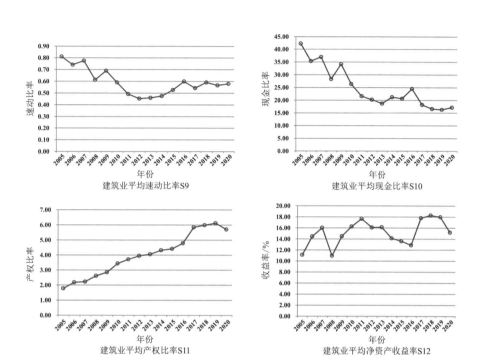

图3-2 建筑业资本可持续水平各构成要素年度值

图 3-2 描述了建筑业资本可持续水平的趋势，通过观察各构成要素的趋势图可以发现，2005—2020 年建筑业平均股息率 S2、建筑业平均基本每股收益 S3、建筑业平均每股息税前利润 S4、建筑业平均产权比率 S11 除 2020 年出现不同程度的下降外，其他年份整体上呈现上升趋势；建筑业平均市销率（TTM）S1 逐年下降，说明建筑企业的投资价值有所增加；建筑业平均 Alpha c S5 在 2008 年以后变化并不显著；建筑业平均 Sharpe（年化）d S6 在 2013 年出现了显著下降，其他年份波动并不显著；建筑业 Treynor（年化）e S7 在 2006 年出现了显著下降，其他年份波动并不显著；建筑业平均流动比率 S8、建筑业平均速动比率 S9、建筑业平均现金比率 S10 逐年下滑，反映建筑企业的偿债能力出现小幅下降；建筑业平均净资产收益率 S12 波动并不显著，除 2005 年与 2008 年外，基本落在 12% ～ 18% 的区间内。

三、建筑业发展水平基础统计描述

表3-7　建筑业发展水平指标的基础统计分析

基础指标	均值	中位数	最大值	最小值	标准差
建筑业国内生产总值 D1 单位：亿元	39,335.67	38,896.45	72,995.70	10,400.50	20,700.73
建筑业总产值 D2 单位：亿元	142,673.38	147,308.15	263,947.04	34,745.79	77,290.74
PPP 项目总投资 D3 单位：亿元	515,094.40	453,402.50	740,000.00	453,402.50	111,134.50
建筑企业人员数 D4 单位：万人	4,340.31	4,405.19	5,563.30	2,593.38	1,015.25
建筑企业签订合同金额 D5 单位：亿元	278,472.50	267,680.78	595,576.76	53,240.39	176,117.17
建筑业国内生产总值累计同比 增长率 D6 单位：%	10.19	9.66	18.95	3.50	4.91
建筑业总产值累计同比增长率 D7 单位：%	15.38	16.33	25.50	2.29	7.91
建筑业劳动生产率 D8 单位：万元 / 人	26.81	29.41	42.29	12.17	10.10
建筑业景气指数 D9 单位：%	123.21	127.56	142.98	100.05	13.90
建筑企业家信心指数 D10 单位：%	122.25	123.28	144.10	100.33	12.63

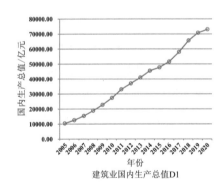

建筑业国内生产总值D1

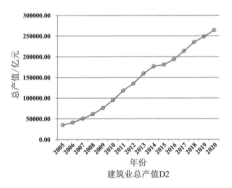

建筑业总产值D2

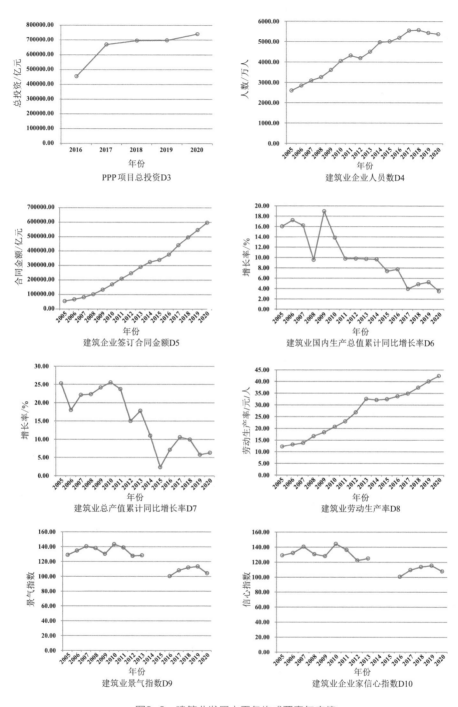

图3-3 建筑业发展水平各构成要素年度值

注：图中不包含人为填补的缺失数据。

图 3-3 描述了建筑业发展基础水平各构成要素的趋势，通过观察各构成要素的趋势图可以发现，建筑业国内生产总值和建筑业总产值在总量上呈现逐年增长的趋势，而其累计同比增长率在 2011 年后增长速度相较于前期呈现出不同幅度的下降；建筑企业人数和建筑企业签订的合同金额总体上呈现上升的趋势，这一结果与行业整体规模的扩张和市场需求的增长有关；建筑业劳动生产率随着企业研发能力和基础设施先进程度的提高，整体上呈现逐年上升的趋势；建筑业景气指数与建筑企业家信心指数的变化趋势趋于一致，其中 2020 年受新冠疫情的影响，景气指数和信心指数均有所回落。

四、建筑业绩效水平基础统计描述

建筑业绩效水平的基础统计描述见表 3-8 和图 3-4。相应的统计指标数据依然来自建筑类上市企业样本年报中公布的相关财务数据进行加权平均计算后所得，其反映的是建筑企业整体的绩效水平。

表3-8 建筑业绩效水平指标的基础统计分析

基础指标	均值	中位数	最大值	最小值	标准差
建筑业平均总资产报酬率（年化）P1 单位：%	6.21	6.00	9.14	4.75	1.23
建筑业平均营业利润／营业总收入 P2 单位：%	18.82	19.84	23.65	11.83	3.50
建筑业平均净利润／营业总收入 P3 单位：%	13.76	13.99	17.06	8.53	2.41
建筑业平均息税前利润／营业总收入 P4 单位：%	21.46	22.04	25.98	14.58	3.30
建筑业平均营业总收入同比增长率 P5 单位：%	30.14	25.35	64.36	13.29	15.77
建筑业平均投入资本回报率 P6 单位：%	6.59	6.75	8.74	4.74	1.10
建筑业平均权益乘数 P7	-4.51	-4.51	-2.67	-6.39	1.20
建筑业平均资产负债率 P8 单位：%	-70.21	-72.21	-55.37	-75.37	6.26

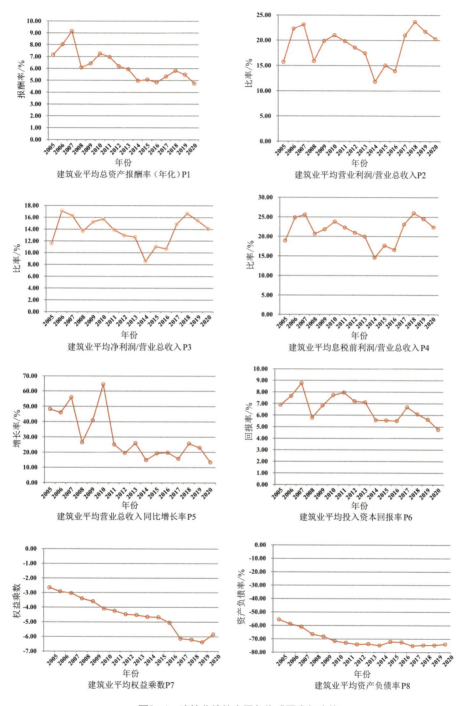

图3-4 建筑业绩效水平各构成要素年度值

图 3-4 描述了建筑业绩效水平各构成要素的趋势，通过观察各构成要素的趋势图可以发现，建筑业总资产报酬率（年化）P1 在 2005—2020 年均低于 10% 且逐年下滑，间接映射建筑企业投资回报率普遍较低的现象；建筑业平均营业利润/营业总收入 P2、建筑业平均净利润/营业总收入 P3、建筑业平均息税前利润/营业总收入 P4 三个指标除 2014—2016 年出现不同幅度的下降外，其他年份变化趋势趋同，且波动并不显著；建筑业平均营业收入增长率 P5，经历了次贷危机爆发之前的非理性增长以及次贷危机泡沫破裂后大量企业生产经营陷入困境引致增长率显著下滑，2020 年受新冠疫情的影响，生产经营受到剧烈冲击导致增长率出现下滑；建筑业平均投入资本回报率 P6 变化趋势与总资产报酬率（年化）P1 趋同，近几年来回报率较低，并未出现较为显著的改善与提高；建筑业平均权益乘数 P7 和建筑业平均资产负债率 P8 整体上呈现逐年上升的趋势，说明建筑企业杠杆率逐年上升。

第四节　宏观建筑金融分类指数的计算

本报告运用 SPSS 软件，根据表 3-1 中的四个二级指标分别进行因子分析并提取主成分。通常来说，在进行主成分分析时，既可以使用相关系数矩阵，也可以使用协方差矩阵。使用相关系数矩阵的优点在于它可以消除量纲不同对总指数合成所带来的影响，能够避免主成分过分依赖量级过大的指标变量，但是这一方法的缺点在于各指标变量都具有单位标准差，从而造成具体分析中对不同指标的相对离散程度的低估或夸大；采用协方差矩阵的优点不仅可以消除量纲和数量级上的差异，还能够保留各指标变量在离散程度上的特性，避免对不同指标相对离散程度的低估或夸大。因此，基于以上综合考虑，本报告选择协方差矩阵作为主成分分析的输入。

一、建筑业金融支持程度指数计算

首先，通过 SPSS 软件对构成建筑业金融支持程度的 10 组数据进行了 KMO 和 Bartlett 的球形检验，得出 KMO 值为 0.633，Bartlett 球形检验的 Sig 值为 0.000，这说明我们的数据适合做因子分析。其次，我们再观测公因子方差表

（表3-9），发现因子分析的变量共同度非常高，变量中的大部分信息均能够被因子所提取，说明因子分析的结果是有效的。

表3-9　金融支持程度的公因子方差

变量名称	初始	提取	变量名称	初始	提取
建筑业平均留存收益 F1	1.00	0.942	建筑业平均资本公积金 F6	1.00	0.927
建筑业平均营运资本 F2	1.00	0.992	建筑业平均投资净收益 F7	1.00	0.924
建筑业平均全部投入资本 F3	1.00	0.987	建筑业平均价值变动净收益（TTM）F8	1.00	0.967
建筑业平均长期借款 F4	1.00	0.965	建筑业平均投资活动现金净流量（TTM）F9	1.00	0.906
建筑业平均实收资本 F5	1.00	0.439	建筑业平均筹资活动现金净流量（TTM）F10	1.00	0.317

表 3-10 给出了因子贡献率的结果。结果显示，10 组指标通过选取一个主因子即实现了 83.67% 的方差贡献度。主因子得分值用来说明建筑业发展水平具有较高代表性。

表3-10　金融支持程度的总方差解释

成分	初始特征值			提取载荷平方和		
	总计	方差百分比	累积百分比	总计	方差百分比	累积百分比
1	8.924	83.666	83.666	8.367	83.666	83.666
2	1.059	9.928	93.594			
3	0.535	5.018	98.612			
4	0.082	0.772	99.384			
5	0.036	0.334	99.718			
6	0.019	0.176	99.894			
7	0.006	0.056	99.950			
8	0.004	0.042	99.992			
9	0.001	0.008	99.999			
10	0.000	0.001	100.000			

提取方法：主成分分析法。

本报告将提取后的主因子得分转化为基期为 100 的对应值后得到了 2005—2020 年建筑业金融支持程度指数，如图 3-5 所示。通过观察建筑业金融支持程度指数可以发现，建筑业金融支持程度整体上呈现稳步上升的趋势，2018 年之后，上升趋势有所放缓甚至出现了些许回落，拐点较为明显。

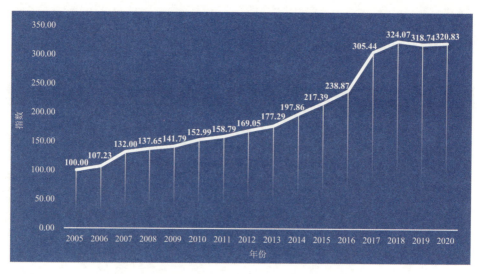

图3-5　建筑业金融支持程度指数（2005—2020年）

二、建筑业资本可持续水平指数计算

首先，通过SPSS软件对构成建筑业资本可持续水平的12组数据进行了KMO和Bartlett的球形检验，得出KMO值为0.671，Bartlett球形检验的Sig值为0.000，这说明我们的数据适合做因子分析。其次，我们再观测公因子方差表（表3-11），发现因子分析的变量共同度非常高，变量中的大部分信息均能够被因子所提取，说明因子分析的结果是有效的。

表3-11　资本可持续水平的公因子方差

变量名称	初始	提取	变量名称	初始	提取
建筑业平均市销率（TTM）S1	1.000	0.743	建筑业平均 Treynor（年化）S7	1.000	0.687
建筑业平均股息率 S2	1.000	0.918	建筑业平均流动比率 S8	1.000	0.906
建筑业平均基本每股收益 S3	1.000	0.944	建筑业平均速动比率 S9	1.000	0.944
建筑业平均每股息税前利润 S4	1.000	0.960	建筑业平均现金比率 S10	1.000	0.959
建筑业平均 Alpha c S5	1.000	0.701	建筑业平均产权比率 S11	1.000	0.945
建筑业平均 Sharpe（年化）d S6	1.000	0.590	建筑业平均净资产收益率（年化）S12	1.000	0.521

表3-12给出了因子贡献率的结果。结果显示，13组指标通过选取三个主因子即实现了81.82%的方差贡献度。主因子得分值用来说明建筑业资本可持续水平具有较高代表性。

表3-12　资本可持续水平总方差解释

成分	初始特征值			提取载荷平方和		
	总计	方差百分比	累积百分比	总计	方差百分比	累积百分比
1	7.055	55.117	55.117	6.614	55.117	55.117
2	2.234	17.451	72.568	2.094	17.451	72.568
3	1.184	9.254	81.822	1.110	9.254	81.822
4	0.884	6.910	88.731			
5	0.693	5.412	94.143			
6	0.284	2.218	96.361			
7	0.244	1.907	98.268			
8	0.118	0.921	99.189			
9	0.046	0.361	99.550			
10	0.032	0.248	99.798			
11	0.019	0.146	99.944			
12	0.007	0.056	100.000			

提取方法：主成分分析法。

　　本报告将提取后的主因子得分转化为基期为100的对应值后得到了2005—2020年建筑业资本可持续水平指数，如图3-6所示。通过观察图3-6可以发现，建筑业资本可持续水平与宏观经济形势存在一定关联，比如：2011年大规模刺激计划逐步退出，市场对通胀等不良效果出现过度估计以及与之相应的过度反应，引致资本可持续水平出现下降，在该经济形势下建筑业资本可持续水平延续下降趋势，近三年来资本可持续水平也呈现下降趋势。

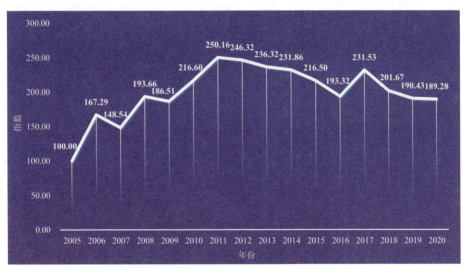

图3-6　建筑业资本可持续水平指数（2005—2020年）

三、建筑业发展水平指数计算

首先，通过SPSS软件对构成建筑业发展水平的10组数据进行了KMO和Bartlett的球形检验，得出KMO值为0.759，Bartlett球形检验的Sig值为0.000，这说明我们的数据适合做因子分析。其次，我们再观测公因子方差表（表3-13），发现因子分析的变量共同度非常高，变量中的大部分信息均能够被因子所提取，说明因子分析的结果是有效的。

表3-13　发展水平的公因子方差

变量名称	初始	提取	变量名称	初始	提取
建筑业国内生产总值 D1	1.000	0.970	建筑业国内生产总值累计同比增长率 D6	1.000	0.826
建筑业总产值 D2	1.000	0.977	建筑业总产值累计同比增长率 D7	1.000	0.800
PPP 项目总投资 D3	1.000	0.590	建筑业劳动生产率 D8	1.000	0.954
建筑企业人员数 D4	1.000	0.903	建筑业景气指数 D9	1.000	0.810
建筑企业签订合同金额 D5	1.000	0.969	建筑企业家信心指数 D10	1.000	0.755

表 3-14 给出了因子贡献率的结果。结果显示，10组指标通过选取一个主因子即实现了97.70%的方差贡献度。主因子得分值用来说明建筑业发展水平具有较高代表性。

表3-14　发展水平的总方差解释

成分	初始特征值			提取载荷平方和		
	总计	方差百分比	累积百分比	总计	方差百分比	累积百分比
1	9.124	85.534	85.534	8.553	85.534	85.534
2	0.774	7.257	92.791			
3	0.391	3.662	96.453			
4	0.176	1.651	98.104			
5	0.148	1.389	99.493			
6	0.039	0.368	99.861			
7	0.010	0.093	99.954			
8	0.004	0.041	99.995			
9	0.000	0.003	99.998			
10	0.000	0.002	100.000			

提取方法：主成分分析法。

本报告将提取后的主因子得分转化为基期为100的对应值后得到了2005—2020年建筑业发展水平指数，如图3-7所示。通过观察建筑业发展水平指数可以发现，建筑业发展水平整体上呈现稳步上升的趋势。

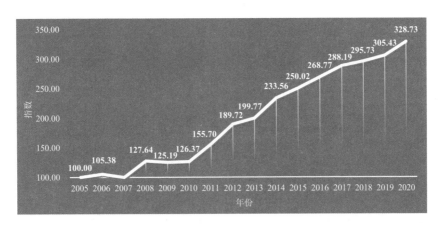

图3-7 建筑业发展水平指数（2005—2020年）

四、建筑业绩效水平指数计算

首先，通过SPSS软件对构成建筑业绩效水平的8组数据进行了KMO和Bartlett的球形检验，得出KMO值为0.667，Bartlett球形检验的Sig值为0.000，这说明我们的数据适合做因子分析。其次，我们再观测公因子方差表（表3-15），发现因子分析的变量共同度非常高，变量中的大部分信息均能够被因子所提取，说明因子分析的结果是有效的。

表3-15 绩效水平的公因子方差

变量名称	初始	提取	变量名称	初始	提取
建筑业平均总资产报酬率（年化）P1	1.00	0.960	建筑业平均营业总收入（同比增长率）P5	1.00	0.814
建筑业平均营业利润/营业总收入 P2	1.00	0.986	建筑业平均投入资本回报率 P6	1.00	0.718
建筑业平均净利润/营业总收入 P3	1.00	0.951	建筑业平均权益乘数 P7	1.00	0.945
建筑业平均息税前利润/营业总收入 P4	1.00	0.982	建筑业平均资产负债率 P8	1.00	0.776

表3-16给出了因子贡献率的结果。结果显示，8组指标通过选取两个主因子即实现了89.15%的方差贡献度。主因子得分值用来说明建筑业资本绩效水平具有较高代表性。

表3-16　绩效水平的总方差解释

成分	初始特征值			提取载荷平方和		
	总计	方差百分比	累积百分比	总计	方差百分比	累积百分比
1	5.004	58.635	58.635	4.691	58.635	58.635
2	2.604	30.519	89.154	2.442	30.519	89.154
3	0.530	6.207	95.361			
4	0.248	2.910	98.272			
5	0.095	1.112	99.383			
6	0.033	0.383	99.767			
7	0.014	0.166	99.933			
8	0.006	0.067	100.000			

提取方法：主成分分析法。

　　本报告将提取后的主因子得分转化为基期为100的对应值后得到了2005—2020年建筑业绩效水平指数，如图3-8所示。通过观察图3-8可以发现，建筑业绩效水平总体上呈上升趋势，但建筑业绩效水平在各年份并不稳定，如2007年、2010年、2018年均出现了较大幅度的下降。从一定程度上不难猜测，建筑业的绩效水平和国家的房地产各类政策及价格变化有着密不可分的关系，产生的波动可能多数源自政策原因。

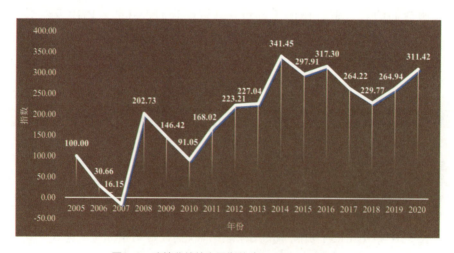

图3-8　建筑业绩效水平指数（2005—2020年）

第五节　宏观建筑金融综合指数的计算

在我们获得了分类指数值后，代入式（3-31）即可获得我国 2005—2020 年的宏观建筑金融综合指数，如表 3-17 所示，图 3-9 给出了总趋势图。

表3-17　2005—2020年宏观建筑金融综合指数计算

年份	F	S	D	P	AF
2005	100.00	100.00	100.00	100.00	100.00
2006	107.23	167.29	105.38	30.66	108.20
2007	132.00	148.54	99.79	−16.15	103.38
2008	137.65	193.66	127.64	202.73	159.86
2009	141.79	186.51	125.19	146.42	149.49
2010	152.99	216.60	126.37	91.05	151.61
2011	158.79	250.16	155.70	168.02	181.58
2012	169.05	246.32	189.72	223.21	201.55
2013	177.29	236.32	199.77	227.04	205.09
2014	197.86	231.86	233.56	341.45	238.64
2015	217.39	216.50	250.02	297.91	238.37
2016	238.87	193.32	268.77	317.30	248.15
2017	305.44	231.53	288.19	264.22	276.73
2018	324.07	201.67	295.73	229.77	272.14
2019	318.74	190.43	305.43	264.94	275.74
2020	320.83	189.28	328.73	311.42	289.47

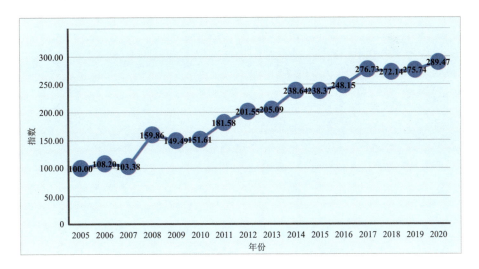

图3-9　宏观建筑金融指数（2005—2020年）

　　通过观察图 3-9 可以发现，宏观建筑金融指数除 2009 年出现小幅度下滑外，整体上呈上升趋势，说明建筑业与金融业的融合逐步优化与加强，2005—2020 年建筑业金融总体呈支持发展的优良态势。具体来看，建筑业金融支持程度和建筑业发展水平指标逐年上升，映射建筑企业的不断发展与提高。建筑业绩效水平指标虽在整体上逐年上升，但上升过程并不稳定，时常出现较为显著的波动，说明其受国家相应政策的影响较大。建筑业资本可持续水平的波动对建筑业宏观金融整体发展水平的不确定性最大，反映建筑企业在盈利水平、盈利可持续性、企业成长性及发展前景可持续性和偿债能力上存在提升空间。一言以蔽之，现阶段建筑企业本身的资本可持续水平有较大的改进与完善空间，该指标的提高能够进一步推动建筑企业发展的速度和质量水平的提升。

第四章

中国微观建筑金融指数的
构建及计算

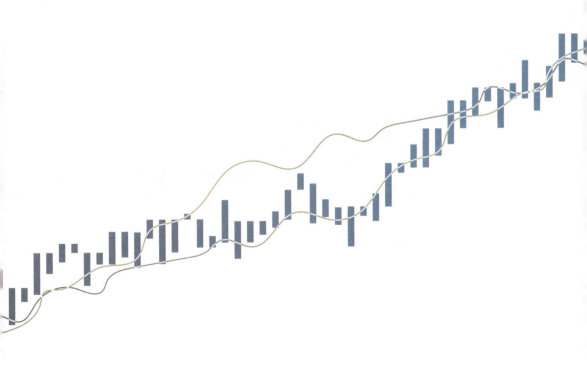

第一节　中国微观建筑金融指数指标体系架构

微观建筑金融指数是对我国目前具有一定影响力和经营规模的上市建筑企业的金融发展评价，评价的基本单位为建筑类企业，通过选取企业年报及权威第三方机构计算的相关指标进行年度指数编制，用以反映入选企业当年度在整体行业中所处的金融发展地位和表现情况。本报告编制的微观建筑金融指数区间为2016—2020年度，拟从建筑企业金融支持水平、建筑企业资本可持续水平、建筑企业基础发展水平、建筑企业绩效水平和建筑企业金融风险水平五个维度刻画中国微观建筑金融指数，其中金融支持水平、资本可持续水平和绩效水平这三个维度的指标与宏观指标做了统一，考虑到微观企业的基础发展水平和建筑业整体的宏观基础发展水平有着一定的区别，在微观指数计算时该维度指标选取上存在一定差异。此外，微观指标相较宏观指标增加了金融风险水平二级指标维度，这一维度主要用来测度样本企业的金融风险程度。指数指标体系架构如表4-1所示。

表4-1　中国微观建筑金融指数指标体系架构

一级指标	二级指标	三级指标	变量说明
微观建筑金融指数（MIAF）	建筑企业金融支持水平（F）	F1	留存收益
		F2	营运资本
		F3	全部投入资本
		F4	长期借款
		F5	实收资本
		F6	资本公积金
		F7	投资净收益
		F8	价值变动净收益（TTM）
		F9	投资活动现金净流量（TTM）
		F10	筹资活动现金净流量（TTM）
	建筑企业资本可持续水平（S）	S1	市销率PS（TTM）
		S2	股息率（报告期）
		S3	基本每股收益
		S4	每股息税前利润[①]
		S5	Alpha[②]
		S6	Sharpe（年化）[③]
		S7	Treynor（年化）[④]
		S8	流动比率
		S9	速动比率
		S10	现金比率
		S11	产权比率
		S12	净资产收益率（年化）
	建筑企业基础发展水平（D）	D1	股票已发行量
		D2	总市值
		D3	所得税
		D4	经营活动净收益（TTM）
		D5	营业总收入（TTM）
		D6	净利润（TTM）
		D7	扣除非经常性损益后的净利润（TTM）
		D8	息税前利润（TTM反推法）
		D9	利润总额（TTM）
	建筑企业绩效水平（P）	P1	总资产报酬率（年化）
		P2	营业利润/营业总收入
		P3	净利润/营业总收入
		P4	息税前利润/营业总收入
		P5	营业总收入（同比增长率）
		P6	投入资本回报率
		P7	权益乘数
		P8	资产负债率

一级指标	二级指标	三级指标	变量说明
微观建筑金融指数（MIAF）	建筑企业金融风险治理水平（R）	R1	波动率（年化）
		R2	Beta[5]
		R3	非系统性风险[6]
		R4	参数VaR[7]
		R5	参数平均损失值ES[8]
		R6	R-Square[9]

说明：

（1）表中"变量说明"栏中的名称均与Wind数据库中"全球股票指标"中所使用的统计指标名称一致，本报告选用的原始数据均为Wind计算值。

（2）相关指标说明

①每股息税前利润＝息税前利润／期末总股本，其中，息税前利润＝税前利润＋利息费用。如果财务报告中公布了财务费用明细，则"利息费用＝利息支出－利息收入"（注：利息支出为不含资本化的利息支出）；如果财务报告中未公布财务费用明细，则以"利润表中的财务费用"替代。一般而言，中期报告和年度报告中会公布财务费用明细。

②Alpha值（α）表示超额收益率，$\alpha=Y-\beta X$，$\beta=[N\sum X_iY_i-(\sum X_i)(\sum Y_i)]/[N\sum X_i^2-(\sum X_i)^2]$。a.根据计算周期（本报告主要使用周为计算周期），在所选时间段内拆分出N个区间（头尾包含的不完整日历周期舍去）；b.获取每个区间最末一个交易日的收盘价EP_i和最初一个交易日前的收盘价BP_i；同时获取每个区间最末一个交易日所选标的指数的收盘价EX_i和最初一个交易日前的收盘价BX_i；c.本报告所选收益率计算方法是"普通收益率"，即以"EP_i/BP_i-1"作为区间内的证券收益率Y_i，以"EX_i/BX_i-1"作为区间内的指数收益率X_i；d.需剔除股票整个周期为停牌的数据点。

③Sharpe（年化）值表示每承受一单位总风险产生的超额收益。算法：Sharpe（年化）＝（年化后的平均收益率－无风险收益率）/年化后的波动率。衡量证券承担每单位风险所获至之额外报酬，数字越高，表示基金在考量风险因素后的回报越高，是较佳的证券。

④Treynor（年化）值是每单位风险获得的风险溢价，是投资者判断某一证券所冒风险是否有利于投资者的判断指标。该值越大，单位风险溢价越高，证券的表现越好；该值越小，单位风险溢价越低，证券的表现越差。

⑤Beta值（β）的计算见③。β值用于衡量基金报酬率与相对指数报酬率的敏感程度，根据投资理论定义，全体市场本身的β值为1，若投资组合净值的波动大于全体市场的波动幅度，则β值大于1，β值越大，则风险性以及获利的潜能也就越高。

⑥非系统性风险＝$\{(\sum Y_i^2-\alpha*\sum Y_i-\beta*\sum(X_iY_i))/(N-2)\}^{0.5}$，该值越高，表示个体风险越大。

⑦参数VaR：给定置信水平，将指定区间按照设定的周期分割为若干个样本区间，然后计算指定周期的参数VaR。例如：指定周期＝月，则计算结果为月收益率的参数VaR。参数VaR＝置信水平×波动率－平均收益率。

⑧参数平均损失值ES：给定置信水平，将指定区间按照设定的周期分割为若干个样本区间，然后计算指定周期的参数平均损失值ES。例如：指定周期＝月，则计算结果为月收益率的参数平均损失值ES。

⑨R-Square是证券收益率与标的指数收益率的相关系数的平方。通常该指标越高，表示样本企业收益率被大盘指数收益率解释的程度越高，个体非系统性风险越小。

（3）建筑企业金融风险治理水平的三级指标均与实际风险水平呈正相关，因而在得到综合指数后需做反向处理，即将取值越低的样本企业定义为风险治理水平越高的企业。

建筑业金融支持水平共包括留存收益等 10 项三级指标，通过企业不同程度的金融市场参与度、活跃度及金融市场的绩效水平来评价入选建筑企业的金融支持水平。

建筑企业的资本可持续水平共包括市销率 PS（TTM）等 12 项三级指标，主要是通过资本市场对企业价值的各方评价来揭示入选建筑企业被市场及投资者的看好程度。

建筑企业基础发展水平共包括股票已发行量等 9 项三级指标，主要通过企业市值、经营活动总收入、总利润等基本面指标反映入选企业的整体发展水平，企业基本面的综合实力是金融发展的重要支撑和保障。

建筑业绩效水平共包括总资产报酬率（年化）等 8 项指标，主要通过企业的盈利能力和成长能力指标反映入选企业当年的经营绩效水平。同样，企业的绩效水平决定了金融发展的程度和质量。

建筑企业的金融风险水平共包括波动率（年化）等 6 项三级指标，主要通过各种常规风险指标揭示入选建筑企业的综合金融风险程度。

由表 4-1 可知，微观建筑金融指数主要从金融支持水平、资本可持续水平、基础发展水平、绩效水平、风险水平等五个维度进行刻画。其中金融支持水平、资本可持续水平、绩效水平的三级评价指标参见第三章第一节中关于宏观指数三级指标的论述。下面就基础发展水平与风险水平的三级指标选取依据进行简要介绍。

一、基础发展水平

建筑企业基础发展水平共包括股票已发行量等 9 项三级指标，主要通过企业市值、经营活动总收入、总利润等基本面指标反映入选企业的整体发展水平，企业基本面的综合实力是金融发展的重要支撑和保障。具体选取依据如下。

（一）股票已发行数量

股票已发行数量是指一定时期内企业的已发行股票的总数量。企业的股票发行数量须与其净资产相匹配，根据相关规定，企业向社会公众发行的部分不少于公司拟发行的股本总额的 25%，其中公司职工认购的股本数额不得超过拟向社会公众发行的股本总额的 10%。就建筑企业而言，其股票发行数量与每股

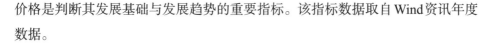

价格是判断其发展基础与发展趋势的重要指标。该指标数据取自Wind资讯年度数据。

（二）总市值

总市值是按照企业个股市价和总股本计算的市值，计算公式为：总市值＝指定公司股票年末收盘价 × 总股本 × 交易币种兑人民币汇率。建筑企业的总市值是资本市场对于其经营能力和发展潜力最为直观的体现，是评估其投资价值的基础性指标。该指标数据取自Wind资讯年度数据。

（三）企业所得税

企业所得税是指企业当期缴纳的所得税费用、上一期的递延所得税以及纳税准备金，也包括联营及合资企业按比例分配的所得税费用。对包括建筑企业在内的经营主体而言，其所在地区所得的税率直接影响企业税后可支配的收入，从而影响企业的投资回报率，进而影响其资本市场表现。该指标数据取自Wind资讯年度数据。

（四）经营活动净收益（TTM）

经营活动净收益是指企业在一定会计期间内的经营成果，计算公式为：经营活动净收益＝企业当期营业利润－财务费用净额。对于多数建筑企业而言，在其主营业务活动之外，尚有其他投融资等活动，但经营活动净收益是不包含这部分收益的，经营活动净收益主要来自其销售商品、提供劳务、购买商品、接受劳务、支付税收等活动的收益，反映的是建筑企业自身的"造血功能"，是所有财务报表中最重要的指标之一。该指标数据取自Wind资讯年度数据。

（五）营业总收入（TTM）

营业总收入是指企业在一定时期内，通过其全部经营业务过程所形成的经济利益的总收入，既包括主营业务收入，也包括来自其他业务的收入。对于建筑企业而言，尤其是其存在多元化经营的情况下，营业总收入与经营活动净收益及主营业务收入等指标结合考察，可以形成对于该企业收入与利润来源及其变化趋势的更为客观的认识。该指标数据取自Wind资讯年度数据。

（六）净利润（TTM）

净利润是指企业一定时期内利润总额扣除所得税后的金额，即企业的税后利润。对于建筑企业而言，净利润是其各类经营活动的最终成果。直白地讲，净利润多，其经营效益好；净利润少，其经营效益就差。净利润是衡量企业经营效益的重要指标之一。该指标数据取自 Wind 资讯年度数据。

（七）扣除非经常性损益后的净利润（TTM）

扣除非经常性损益后的净利润，简称"扣非净利润"，是指一定时期内企业净利润扣除非经常性损益后的金额。在企业经营过程中，常常伴随非经常性损益，即与企业经营业务无直接关系或虽与经营业务相关，但由于其性质、金额或发生频率，影响了真实、公允地反映公司正常盈利能力的各项收入、支出。对于建筑企业而言，扣除资本溢价等非经常性因素导致的损益，能够更加清晰地反映企业经营业绩的指标，从而帮助投资者正确判断其经营业绩的好坏。该指标数据取自 Wind 资讯年度数据。

（八）息税前利润（TTM 反推法）

息税前利润是指企业在一定时期内不扣除债务利息和所得税的利润。企业经营过程中，其债务利息与优先股的股利是固定不变的，因此，如果建筑企业的息税前利润增加，也就意味着单位盈余所负担的固定财务费用相对减少，同时也意味着普通股股东将会收到更多的盈余，从而激励其投资信心。该指标数据取自 Wind 资讯年度数据。

（九）利润总额（TTM）

利润总额是指企业在一定时期内通过各类生产经营活动所实现的最终财务成果，主要由营业利润及营业外收支构成，计算公式为：利润总额＝营业利润＋营业外收入－营业外支出。建筑企业的利润总额是衡量该企业经营业绩的十分重要的基础性指标。该指标数据取自 Wind 资讯年度数据。

二、风险水平

建筑企业的金融风险水平共包括波动率（年化）等 6 项三级指标，主要通过各种常规风险指标揭示入选建筑企业的综合金融风险程度。具体选取依据如下。

（一）波动率（年化）

波动率是指金融资产或金融资产组合的价格波动程度，是金融领域资产收益率不确定性的衡量指标，是反映金融资产风险水平的重要指标。波动率越高，金融资产价格的波动越剧烈，资产收益率的不确定性就越强；波动率越低，金融资产价格的波动越平缓，资产收益率的确定性就越强。该指标计算公式为：

$$\sigma = \frac{\sigma_{SD}}{\sqrt{P}}$$

其中，σ 为某股票的年化波动率，σ_{SD} 为其当年日均对数回报率的标准差，P 为概念的交易日天数。

（二）β系数

β系数估计是一种常用的评估金融资产或金融资产组合的系统性风险的工具，实质是度量该金融资产或金融资产组合相对总体市场的偏离程度，是金融领域衡量资产结构性与系统性风险的重要参考指标之一。其计算公式如下：

$$\beta = \frac{\sum_{i=1}^{n} X_i Y_i - \left(\sum_{i=1}^{n} X_i\right)\left(\sum_{i=1}^{n} Y_i\right)}{\sum_{i=1}^{n} X_i^2 - \left(\sum_{i=1}^{n} X_i\right)^2}$$

其中：$i = 1, 2, \cdots, n$，表示报告计算周期内资本市场企业总数，Y_i 为第 i 个企业的股票收益率；X_i 为第 i 个企业所在市场的指数收益率。

（三）非系统性风险

非系统风险是指发生于个别企业或行业的特殊事件所造成的风险，由于该类事件是非预期的，即随机发生的，故不会对整个市场产生明显的影响，该类风险可通过多样化投资分散掉。其计算公式如下：

$$\text{非系统性风险} = \sqrt{\frac{\sum_{i=1}^{n} Y_i^2 - \alpha \sum_{i=1}^{n} Y_i - \beta \sum_{i=1}^{n} X_i Y_i}{n-2}}$$

其中：$i = 1, 2, \cdots, n$，表示报告计算周期内资本市场企业总数，Y_i 为第 i 个企业的股票收益率；X_i 为第 i 个企业所在市场的指数收益率。α 为 Alpha 指标返回值；β 为 Beta 指标返回值。

（四）参数VaR

VaR（Value at Risk）即"在险价值"，是在一定概率水平下，某一金融资产或资产组合价值在未来特定时期内的最大可能损失。主要用于刻画在正常市场波动状态下某金融资产或资产组合处于风险状态的价值。本报告中，其计算公式如下：

$$VaR = a\sqrt{\frac{\sum_{i=1}^{n}[(R_i-\sum_{i=1}^{n}R_i/N)^2]}{N-1}} - \frac{\sum_{i=1}^{n}R_i}{N}$$

其中：$i=1,2,\cdots,n$，表示报告计算周期内资本市场企业总数，a为置信水平，R_i为第i个企业的股票收益率。

（五）参数平均损失值ES

参数平均损失值ES是指当投资组合的损失超过VaR阈值时所遭受的平均损失程度，ES在VaR的基础上进一步考虑了出现极端情况时的平均损失程度，因此可以更为完整地衡量一个投资组合的极端损失风险。其计算公式如下：

$$ES = \exp\left[\frac{-a^2}{2}/2.5066(1-a)\sqrt{\frac{\sum_{i=1}^{n}[(R_i-\sum_{i=1}^{n}R_i/N)^2]}{N-1}} - \frac{\sum_{i=1}^{n}R_i}{N}\right]$$

其中：$i=1,2,\cdots,n$，表示报告计算周期内资本市场企业总数，a为置信水平，R_i为第i个企业的股票收益率。

（六）R-Square

R-Square是指某企业股票收益率与所在市场指数收益率的相关系数的平方，用于衡量金融模型的预期值和现实所得的实际值的差距。其计算公式如下：

$$R^2 = [Cov(X,Y)/(\sigma X \times \sigma Y)]^2$$

其中：$i=1,2,\cdots,n$，表示报告计算周期内资本市场企业总数，$Cov(X,Y)=[E(XY)-E(X)E(Y)]$，$E(X)$为所有算出来的$X_i$的算术平均，$E(Y)$为所有算出来的$Y_i$的算术平均，$E(XY)$为所有算出来的$X_iY_i$的算术平均；$Y_i$为第$i$个企业的股票收益率；$X_i$为第$i$个企业所在市场的指数收益率。

第二节 微观建筑金融指数的基本意义及算法

一、微观建筑金融指数的基本意义

本报告计算的微观建筑金融指数报告的主体是建筑企业，指数揭示的是指数主体在当年度与其他入选企业相比在某一测度维度内的绩效表现。本报告共编制了 2016—2020 年 5 个年份共 94 家建筑上市企业的微观建筑金融指数，旨在从时间序列和截面层面两个方面反映各个参评企业的建筑金融活动情况，既包含了整体的发展报告，也包含了不同二级维度和三级指标的细节展示。阅读者既可关注到某个个体企业在报告期间某项金融指标的发展变化，也可获取同期与其他建筑企业相比自身金融活动在整个行业内所处的发展地位和水平。

二、微观建筑金融指数的算法

与宏观建筑金融指数的计算方法类似，微观建筑金融指数也采用主观赋值与客观赋值（仍然使用因子分析主成分提取法）相结合的方法来计算。基于表 4-1 中所构建的指标体系，本报告编制组首先向建筑业及金融业内的相关专家咨询，专家建议按照 0.23，0.21，0.18，0.17 和 0.21 的比重进行赋权；其次，对每个大类中的各指标进行因子分析法，提取各个大类中的主成分，再根据各主成分的方差贡献度对各个大类的主成分进行加权求和；最后，根据 5 个大类（二级指标）的主观权重，使用式（4-1）计算出各时间段的微观建筑金融指数。

$$MIAF_t = 0.23 \times F_t + 0.21 \times S_t + 0.18 \times D_t + 0.17 \times P_t + 0.21 \times R_t \qquad (4\text{-}1)$$

微观指数与宏观指数在计算中最大的区别是微观指数报告的是横截面维度金融发展的状况，宏观指数主要报告的是时间序列维度金融发展的状况。微观指数揭示的主体是建筑企业，基本构成要素是企业的各项经济金融指标。

在根据式（4-1）完成计算后，为了更具可读性，最后进行的标准化处理与宏观指数也类似，只是截面数据不存在基期，因而我们将当期最小值企业指数作为基数，微观指数按照"60 ～ 100 分"制的标准化处理，这主要是基于入选企业为建筑类的优质企业，但横向比较最终会产生最小值，因而我们直接限定企业得分最小值为 60 分。

因子提取中运用的主成分分析法在第三章宏观指数算法中已介绍，在此不再赘述。

第三节　微观建筑金融指数的样本选取及分类指数计算

一、微观建筑金融指数的样本选取及数据来源

本报告选择的建筑类企业是以房地产类及建筑业为主的上市公司，其中在沪深A股上市的企业在指数报告期内市值处于同类企业的前100强，港股上市企业市值达到200亿元以上。剔除数据缺失严重的企业，最终入选本报告指数编制的建筑类上市企业共94家，其中沪深A股上市企业78家，港股上市企业16家。公司属性及经营范围详情见表4-2。

表4-2　微观建筑金融指数编制入选企业概况

序号	证券代码	证券简称	公司属性	所属证监会行业名称
1	600533.SH	栖霞建设	地方国有企业	房地产业
2	600246.SH	万通发展	民营企业	房地产业
3	3900.HK	绿城中国	公众企业	其他
4	0960.HK	龙湖集团	民营企业	综合
5	600639.SH	浦东金桥	地方国有企业	房地产业
6	3883.HK	中国奥园	民营企业	房地产业
7	601186.SH	中国铁建	中央国有企业	建筑业
8	603887.SH	城地香江	民营企业	信息传输、软件和信息技术服务业
9	600162.SH	香江控股	民营企业	房地产业
10	1113.HK	长实集团	外资企业	其他
11	600491.SH	龙元建设	民营企业	建筑业
12	601800.SH	中国交建	中央国有企业	建筑业
13	601789.SH	宁波建工	地方国有企业	建筑业
14	600007.SH	中国国贸	外资企业	房地产业
15	600048.SH	保利地产	中央国有企业	房地产业
16	600082.SH	海泰发展	地方国有企业	房地产业
17	1238.HK	宝龙地产	外资企业	房地产业
18	601588.SH	北辰实业	地方国有企业	房地产业
19	3383.HK	雅居乐集团	民营企业	房地产业
20	1528.HK	红星美凯龙	民营企业	租赁和商务服务业
21	601390.SH	中国中铁	中央国有企业	建筑业
22	0754.HK	合生创展集团	民营企业	房地产业
23	600466.SH	蓝光发展	民营企业	房地产业

序号	证券代码	证券简称	公司属性	所属证监会行业名称
24	600658.SH	电子城	地方国有企业	房地产业
25	601611.SH	中国核建	中央国有企业	建筑业
26	601669.SH	中国电建	中央国有企业	建筑业
27	600641.SH	万业企业	民营企业	房地产业
28	600185.SH	格力地产	地方国有企业	房地产业
29	600649.SH	城投控股	地方国有企业	房地产业
30	600208.SH	新湖中宝	民营企业	房地产业
31	600846.SH	同济科技	地方国有企业	建筑业
32	600823.SH	世茂股份	外资企业	房地产业
33	600606.SH	绿地控股	公众企业	房地产业
34	600611.SH	大众交通	其他企业	交通运输、仓储和邮政业
35	600604.SH	市北高新	地方国有企业	房地产业
36	600325.SH	华发股份	地方国有企业	房地产业
37	300517.SZ	海波重科	民营企业	建筑业
38	600675.SH	中华企业	地方国有企业	房地产业
39	1233.HK	时代中国控股	民营企业	房地产业
40	600657.SH	信达地产	中央国有企业	房地产业
41	600791.SH	京能置业	地方国有企业	房地产业
42	600512.SH	腾达建设	民营企业	建筑业
43	600170.SH	上海建工	地方国有企业	建筑业
44	600820.SH	隧道股份	地方国有企业	建筑业
45	600939.SH	重庆建工	地方国有企业	建筑业
46	600502.SH	安徽建工	地方国有企业	建筑业
47	600629.SH	华建集团	地方国有企业	科学研究和技术服务业
48	600648.SH	外高桥	地方国有企业	批发和零售业
49	600503.SH	华丽家族	民营企业	房地产业
50	601618.SH	中国中冶	中央国有企业	建筑业
51	300284.SZ	苏交科	民营企业	科学研究和技术服务业
52	603843.SH	正平股份	民营企业	建筑业
53	600039.SH	四川路桥	地方国有企业	建筑业
54	600064.SH	南京高科	地方国有企业	房地产业
55	600736.SH	苏州高新	地方国有企业	房地产业
56	600133.SH	东湖高新	地方国有企业	建筑业 -
57	600970.SH	中材国际	中央国有企业	建筑业
58	0604.HK	深圳控股	地方国有企业	房地产业
59	1109.HK	华润置地	中央国有企业	房地产业
60	600094.SH	大名城	外资企业	房地产业
61	600052.SH	浙江广厦	地方国有企业	文化、体育和娱乐业
62	600223.SH	鲁商发展	地方国有企业	房地产业
63	600173.SH	卧龙地产	民营企业	房地产业
64	600895.SH	张江高科	地方国有企业	房地产业
65	600266.SH	城建发展	地方国有企业	房地产业

续表

序号	证券代码	证券简称	公司属性	所属证监会行业名称
66	3333.HK	中国恒大	外资企业	房地产业
67	600376.SH	首开股份	地方国有企业	房地产业
68	2007.HK	碧桂园	民营企业	房地产业
69	600683.SH	京投发展	地方国有企业	房地产业
70	600622.SH	光大嘉宝	中央国有企业	房地产业
71	600684.SH	珠江股份	地方国有企业	房地产业
72	600663.SH	陆家嘴	地方国有企业	房地产业
73	600692.SH	亚通股份	地方国有企业	房地产业
74	600708.SH	光明地产	地方国有企业	房地产业
75	600322.SH	天房发展	地方国有企业	房地产业
76	600665.SH	天地源	地方国有企业	房地产业
77	0884.HK	旭辉控股集团	民营企业	房地产业
78	600748.SH	上实发展	地方国有企业	房地产业
79	000002.SZ	万科A	公众企业	房地产业
80	601155.SH	新城控股	民营企业	房地产业
81	600159.SH	大龙地产	地方国有企业	房地产业
82	600743.SH	华远地产	地方国有企业	房地产业
83	600638.SH	新黄浦	地方国有企业	房地产业
84	600067.SH	冠城大通	外资企业	房地产业
85	600773.SH	西藏城投	地方国有企业	房地产业
86	600340.SH	华夏幸福	民营企业	房地产业
87	600284.SH	浦东建设	地方国有企业	建筑业
88	3380.HK	龙光集团	民营企业	房地产业
89	1918.HK	融创中国	外资企业	其他
90	600383.SH	金地集团	公众企业	房地产业
91	601668.SH	中国建筑	中央国有企业	建筑业
92	600853.SH	龙建股份	地方国有企业	建筑业
93	600077.SH	宋都股份	民营企业	房地产业
94	600068.SH	葛洲坝	中央国有企业	建筑业

　　本报告所有指标均选取企业年度数据作为样本数据，评价周期为2016—2020年。基础数据均来源于Wind数据库，各指标样本数据具体来源及计算公式等详见表4-3。

表4-3　微观建筑金融指数样本数据来源

三级指标	变量说明	单位	数据说明
F1	留存收益	元	摘自当年度年报
F2	营运资本	元	摘自当年度年报
F3	全部投入资本	元	摘自当年度年报
F4	长期借款	元	摘自当年度年报，报表类型为合并报表

三级指标	变量说明	单位	数据说明
F5	实收资本	元	摘自当年度年报，报表类型为合并报表
F6	资本公积金	元	摘自当年度年报，报表类型为合并报表
F7	投资净收益	元	摘自当年度年报，报表类型为合并报表
F8	价值变动净收益（TTM）	元	摘自当年度年报
F9	投资活动现金净流量（TTM）	元	摘自当年度年报
F10	筹资活动现金净流量（TTM）	元	摘自当年度年报
S1	市销率 PS（TTM）	/	摘自当年度 12 月 31 日数据
S2	股息率（报告期）	%	摘自当年度年报
S3	基本每股收益	元	摘自当年度年报
S4	每股息税前利润	元	摘自当年度年报
S5	Alpha	%	由普通收益率计算得到（见表 3-1 附注），起始日期为当年度 1 月 1 日，截止日期为当年度 12 月 31 日，周期为周，标的指标为上证综合指数
S6	Sharpe（年化）	/	由普通收益率计算得到（见表 3-1 附注），起始日期为当年度 1 月 1 日，截止日期为当年度 12 月 31 日，周期为周，无风险收益率为一年定存利率（税前）
S7	Treynor（年化）	/	由普通收益率计算得到（见表 3-1 附注），起始日期为当年度 1 月 1 日，截止日期为当年度 12 月 31 日，周期为周，无风险收益率为一年定存利率（税前），标的指数为上证综合指数
S8	流动比率	/	摘自当年度年报
S9	速动比率	/	摘自当年度年报
S10	现金比率	/	摘自当年度年报
S11	产权比率	/	摘自当年度年报
S12	净资产收益率（年化）	元	摘自当年度年报
D1	股票已发行量	股	摘自当年度 12 月 31 日数据
D2	总市值	元	摘自当年度 12 月 31 日数据
D3	所得税	元	摘自当年度年报，报表类型为合并报表
D4	经营活动净收益（TTM）	元	摘自当年度年报
D5	营业总收入（TTM）	元	摘自当年度年报
D6	净利润（TTM）	元	摘自当年度年报
D7	扣除非经常性损益后的净利润（TTM）	元	摘自当年度年报
D8	息税前利润（TTM 反推法）	元	摘自当年度年报
D9	利润总额（TTM）	元	摘自当年度年报
P1	总资产报酬率（年化）	%	摘自当年度年报
P2	营业利润 / 营业总收入	%	摘自当年度年报
P3	净利润 / 营业总收入	%	摘自当年度年报
P4	息税前利润 / 营业总收入	%	摘自当年度年报
P5	营业总收入（同比增长率）	%	摘自当年度年报
P6	投入资本回报率	%	摘自当年度年报
P7	权益乘数		摘自当年度年报
P8	资产负债率	%	摘自当年度年报

续表

三级指标	变量说明	单位	数据说明
R1	波动率（年化）	%	由普通收益率计算得到（见表 3-1 附注），起始日期为当年度 1 月 1 日，截止日期为当年度 12 月 31 日，周期为周
R2	Beta	/	由普通收益率计算得到（见表 3-1 附注），起始日期为当年度 1 月 1 日，截止日期为当年度 12 月 31 日，周期为周，标的指标为上证综合指数
R3	非系统性风险	/	由普通收益率计算得到（见表 3-1 附注），起始日期为当年度 1 月 1 日，截止日期为当年度 12 月 31 日，周期为周，标的指标为上证综合指数
R4	参数 VaR	%	由普通收益率计算得到（见表 3-1 附注），起始日期为当年度 1 月 1 日，截止日期为当年度 12 月 31 日，周期为周，置信水平为 0.95
R5	参数平均损失值 ES	/	由普通收益率计算得到（见表 3-1 附注），起始日期为当年度 1 月 1 日，截止日期为当年度 12 月 31 日，周期为周，置信水平为 0.95
R6	R-Square	/	由普通收益率计算得到（见表 3-1 附注），起始日期为当年度 1 月 1 日，截止日期为当年度 12 月 31 日，周期为周，标的指标为上证综合指数

二、微观建筑金融分类指数计算

本报告运用SPSS软件，根据表 4-1 中的五大维度分别进行因子分析并提取主成分，本报告选择协方差矩阵作为主成分分析的输入。

（一）建筑企业金融支持水平指数计算

首先，通过SPSS软件对各年度建筑企业金融支持水平的 10 组数据进行了KMO和Bartlett的球形检验，表 4-4 给出了 2016—2020 年各年度的检验结果，结果显示，KMO值均高于 0.7，Bartlett球形检验的Sig值均为 0.000，这说明我们的数据适合做因子分析。

表4-4　建筑企业金融支持水平样本数据KMO和Bartlett的球形检验结果

		2016 年	2017 年	2018 年	2019 年	2020 年
KMO 值		0.707	0.804	0.709	0.718	0.744
Bartlett 球形检验	近似卡方	1057.962	841.059	806.231	847.268	797.653
	Df	45	45	45	45	45
	Sig	0.000	0.000	0.000	0.000	0.000
样本数		89	93	93	92	88

其次，我们再观测公因子方差表（见表 4-5），可以发现，变量中的大部分信息均能够被因子所提取，说明因子分析的结果是有效的。

表4-5　金融支持水平的公因子方差

变量名称	初始	提取				
		2016 年	2017 年	2018 年	2019 年	2020 年
留存收益 F1	1.000	0.699	0.699	0.774	0.761	0.770
营运资本 F2	1.000	0.841	0.814	0.743	0.754	0.726
全部投入资本 F3	1.000	0.990	0.993	0.993	0.994	0.992
长期借款 F4	1.000	0.466	0.396	0.516	0.479	0.549
实收资本 F5	1.000	0.409	0.316	0.362	0.330	0.379
资本公积金 F6	1.000	0.315	0.251	0.275	0.274	0.305
投资净收益 F7	1.000	0.326	0.206	0.357	0.235	0.261
价值变动净收益（TTM）F8	1.000	0.168	0.128	0.013	0.039	0.289
投资活动现金净流量（TTM）F9	1.000	0.507	0.437	0.450	0.543	0.396
筹资活动现金净流量（TTM）F10	1.000	0.302	0.543	0.263	0.372	0.001

表 4-6 至表 4-10 给出了因子贡献率的结果。结果显示，10组指标通过选取一个主因子即实现了 88% 以上的方差贡献度。各年度主因子得分值用来说明当年度建筑企业金融支持水平具有较高代表性。

表4-6　金融支持水平2016年总方差解释

成分	初始特征值			提取载荷平方和		
	总计	方差百分比	累积百分比	总计	方差百分比	累积百分比
1	1.80077E+22	88.773	88.773	1.80077E+22	88.773	88.773
2	1.27948E+21	6.308	95.081			
3	5.61728E+20	2.769	97.850			
4	3.28467E+20	1.619	99.469			
……			（略去 5 个成分）			
10	2.86495E+17	0.001	100.000			

提取方法：主成分分析法。

表4-7　金融支持水平2017年总方差解释

成分	初始特征值			提取载荷平方和		
	总计	方差百分比	累积百分比	总计	方差百分比	累积百分比
1	2.48271E+22	90.513	90.513	2.48271E+22	90.513	90.513
2	1.2061E+21	4.397	94.910			
3	7.68887E+20	2.803	97.713			
4	2.83374E+20	1.033	98.746			
……			（略去 5 个成分）			
10	7.4192E+17	0.003	100.000			

提取方法：主成分分析法。

表4-8　金融支持水平2018年总方差解释

成分	初始特征值			提取载荷平方和		
	总计	方差百分比	累积百分比	总计	方差百分比	累积百分比
1	2.92814E+22	90.094	90.094	2.92814E+22	90.094	90.094
2	1.71341E+21	5.272	95.365			
3	8.53589E+20	2.626	97.992			
4	3.35668E+20	1.033	99.025			
……			（略去 5 个成分）			
10	5.66012E+17	0.002	100.000			

提取方法：主成分分析法。

表4-9　金融支持水平2019年总方差解释

成分	初始特征值			提取载荷平方和		
	总计	方差百分比	累积百分比	总计	方差百分比	累积百分比
1	3.84006E+22	90.672	90.672	3.84006E+22	90.672	90.672
2	2.23247E+21	5.271	95.943			
3	1.04106E+21	2.458	98.401			
4	4.72133E+20	1.115	99.516			
……			（略去 5 个成分）			
10	7.87818E+17	0.002	100.000			

提取方法：主成分分析法。

表4-10　金融支持水平2020年总方差解释

成分	初始特征值			提取载荷平方和		
	总计	方差百分比	累积百分比	总计	方差百分比	累积百分比
1	4.3279E+22	89.431	89.431	4.3279E+22	89.431	89.431
2	2.77288E+21	5.730	95.160			
3	1.40273E+21	2.899	98.059			
4	5.12688E+20	1.059	99.118			
……			略去 5 个成分			
10	1.05408E+18	0.002	100.000			

提取方法：主成分分析法。

本报告将提取后的主因子得分转化为基期为 100 的对应值后得到了 2016—2020 年各样本企业的金融支持水平。各年度得分排名前 20 的企业如表 4-11 至表 4-15 所示，各年度得分总排名详见图 4-1 至图 4-5。

表4-11 2016年建筑企业金融支持水平得分排名前20的样本企业

排名	样本企业名称	得分	排名	样本企业名称	得分
1	中国恒大	972.91	11	碧桂园	379.65
2	中国建筑	887.68	12	华润置地	369.93
3	中国交建	615.15	13	中国中冶	308.27
4	绿地控股	610.26	14	融创中国	302.61
5	长实集团	563.57	15	首开股份	268.52
6	中国铁建	498.09	16	龙湖集团	264.74
7	中国中铁	497.64	17	华夏幸福	245.81
8	万科 A	461.54	18	合生创展集团	236.28
9	保利地产	434.00	19	葛洲坝	223.11
10	中国电建	417.46	20	新湖中宝	217.50

表4-12 2017年建筑企业金融支持水平得分排名前20的样本企业

排名	样本企业名称	得分	排名	样本企业名称	得分
1	中国恒大	1106.90	11	华润置地	420.25
2	中国建筑	825.33	12	融创中国	415.95
3	中国交建	571.60	13	中国电建	415.80
4	保利地产	552.42	14	华夏幸福	297.12
5	长实集团	514.97	15	龙湖集团	288.05
6	绿地控股	512.59	16	中国中冶	286.54
7	万科 A	511.86	17	首开股份	281.56
8	中国中铁	465.14	18	合生创展集团	236.76
9	中国铁建	459.44	19	金地集团	223.00
10	碧桂园	453.81	20	华发股份	220.75

表4-13 2018年建筑企业金融支持水平得分排名前20的样本企业

排名	样本企业名称	得分	排名	样本企业名称	得分
1	中国恒大	918.98	11	中国电建	438.30
2	中国建筑	814.93	12	华润置地	379.51
3	碧桂园	573.08	13	融创中国	370.57
4	保利地产	572.31	14	龙湖集团	328.92
5	中国交建	569.58	15	华夏幸福	302.25
6	万科 A	542.77	16	中国中冶	269.70
7	长实集团	501.06	17	首开股份	267.81
8	绿地控股	467.60	18	金地集团	240.92
9	中国中铁	452.01	19	雅居乐集团	229.91
10	中国铁建	450.25	20	绿城中国	227.56

表4-14　2019年建筑企业金融支持水平得分排名前20的样本企业

排名	样本企业名称	得分	排名	样本企业名称	得分
1	中国恒大	949.04	11	融创中国	435.31
2	中国建筑	791.81	12	中国电建	432.79
3	碧桂园	585.66	13	华润置地	378.65
4	中国交建	572.08	14	龙湖集团	334.05
5	保利地产	544.11	15	华夏幸福	321.34
6	万科A	499.59	16	首开股份	254.27
7	长实集团	469.18	17	中国中冶	251.66
8	中国中铁	465.19	18	金地集团	239.75
9	绿地控股	449.12	19	绿城中国	236.18
10	中国铁建	443.05	20	旭辉控股集团	233.79

表4-15　2020年建筑企业金融支持水平得分排名前20的样本企业

排名	样本企业名称	得分	排名	样本企业名称	得分
1	中国恒大	752.06	11	长实集团	426.88
2	碧桂园	516.68	12	雅居乐集团	211.74
3	华润置地	385.03	13	绿城中国	238.41
4	万科A	495.59	14	中国中铁	465.03
5	龙湖集团	333.11	15	龙光集团	195.78
6	中国建筑	777.67	16	中国铁建	458.05
7	融创中国	421.18	17	中国奥园	208.28
8	保利地产	545.03	18	合生创展集团	266.81
9	绿地控股	434.90	19	中国交建	582.44
10	华夏幸福	313.76	20	时代中国控股	167.29

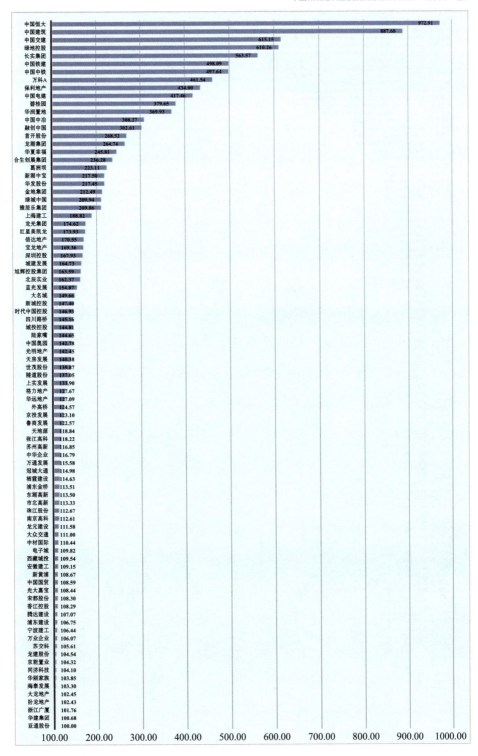

图4-1　2016年建筑企业金融支持水平得分排名

注：计算过程中去除了极端异常值企业，共保留89家企业。

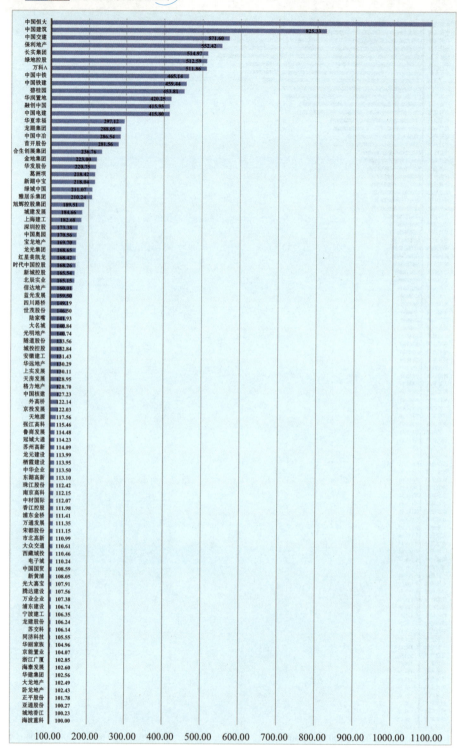

图4-2　2017年建筑企业金融支持水平得分排名

注：计算过程中去除了极端异常值企业，共保留93家企业。

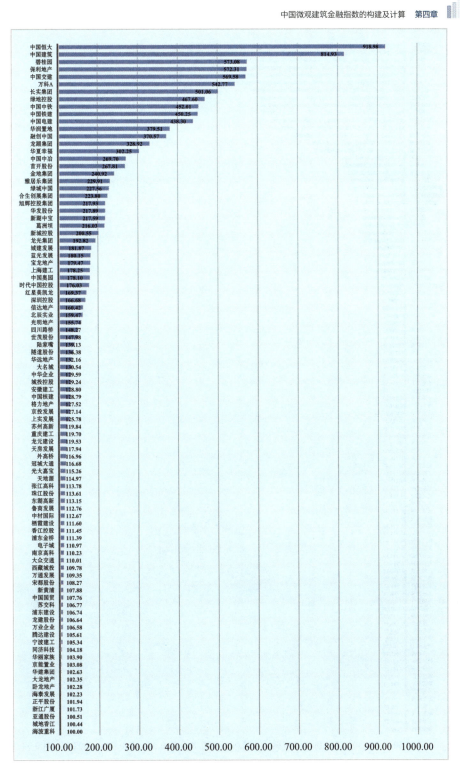

图4-3　2018年建筑企业金融支持水平得分排名

注：计算过程中去除了极端异常值企业，共保留93家企业。

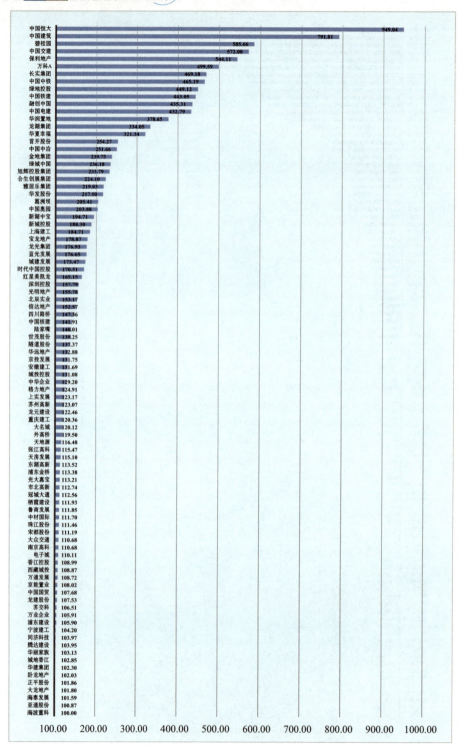

企业	得分
中国恒大	949.04
中国建筑	791.81
碧桂园	585.66
中国交建	572.08
保利地产	544.11
万科A	499.59
长实集团	469.18
中国中铁	465.19
绿地控股	449.12
中国铁建	443.05
融创中国	435.31
中国电建	432.79
华润置地	378.65
龙湖集团	334.05
华夏幸福	321.34
首开股份	254.27
中国中冶	251.66
金地集团	239.75
绿城中国	236.18
旭辉控股集团	233.79
合生创展集团	224.10
雅居乐集团	219.03
华发股份	217.50
葛洲坝	205.41
中国奥园	203.88
新湖中宝	194.71
新城控股	188.30
上海建工	184.71
宝龙地产	178.87
龙光集团	176.93
蓝光发展	176.65
城建发展	173.47
时代中国控股	170.51
红星美凯龙	165.15
深圳控股	157.79
光明地产	155.78
北辰实业	153.17
信达地产	152.57
四川路桥	147.36
中国核建	141.91
陆家嘴	140.01
世茂股份	139.25
隧道股份	137.37
华远地产	132.88
京投发展	131.75
安徽建工	131.69
城投控股	131.08
中华企业	129.20
格力地产	124.91
上实发展	123.17
苏州高新	123.07
龙元建设	122.46
重庆建工	120.36
大名城	120.12
外高桥	119.50
天地源	116.48
张江高科	115.47
天房发展	115.10
东湖高新	113.52
浦东金桥	113.38
光大嘉宝	113.21
市北高新	112.74
冠城大通	112.56
栖霞建设	111.93
鲁商发展	111.85
中材国际	111.70
珠江股份	111.46
宋都股份	111.19
大众交通	110.68
南京高科	110.68
电子城	110.11
香江控股	108.99
西藏城投	108.87
万通发展	108.72
京能置业	108.02
中国国贸	107.68
龙建股份	107.53
苏交科	106.51
万业企业	105.91
浦东建设	105.90
宁波建工	104.20
同济科技	103.97
腾达建设	103.95
华丽家族	103.13
城地香江	102.85
华建集团	102.30
卧龙地产	102.03
正平股份	101.86
大龙地产	101.80
海泰发展	101.59
亚通股份	100.87
海波重科	100.00

图4-4 2019年建筑企业金融支持水平得分排名

注：计算过程中去除了极端异常值企业，共保留92家企业。

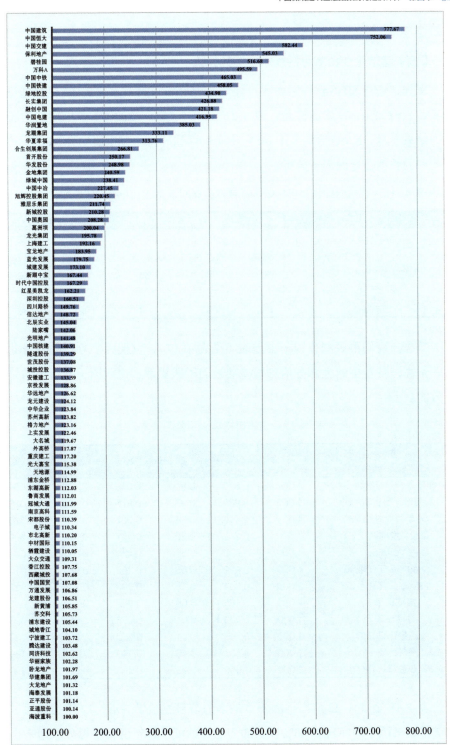

图4-5　2020年建筑企业金融支持水平得分排名

注：计算过程中去除了极端异常值企业，共保留88家企业。

（二）建筑企业资本可持续水平指数计算

首先，通过SPSS软件对各年度建筑企业资本可持续水平的12组数据进行了KMO和Bartlett的球形检验，表4-16给出了2016—2020年各年度的检验结果，结果显示，KMO值均高于0.55，Bartlett球形检验的Sig值均为0.000，这说明我们的数据适合做因子分析。

表4-16 建筑企业资本可持续水平样本数据KMO和Bartlett的球形检验结果

		2016年	2017年	2018年	2019年	2020年
KMO 值		0.551	0.707	0.677	0.709	0.680
Bartlett 球形检验	近似卡方	636.994	782.287	924.277	1070.950	950.631
	Df	66	66	66	66	66
	Sig	0.000	0.000	0.000	0.000	0.000
	样本数	89	93	93	92	88

其次，我们再观测公因子方差表（见表4-17），发现因子分析的变量共同度非常高，变量中的大部分信息均能够被因子所提取，说明因子分析的结果是有效的。

表4-17 资本可持续水平公因子方差

变量名称	初始	提取				
		2016年	2017年	2018年	2019年	2020年
市销率PS（TTM）S1	1.000	0.873	0.911	0.088	0.993	0.081
股息率（报告期）S2	1.000	0.980	0.972	0.975	0.498	0.629
基本每股收益 S3	1.000	0.241	0.284	0.307	0.457	0.525
每股息税前利润 S4	1.000	0.242	0.403	0.457	0.479	0.506
Alpha S5	1.000	0.020	0.533	0.419	0.317	0.004
Sharpe（年化）S6	1.000	0.022	0.531	0.285	0.341	0.010
Treynor（年化）S7	1.000	0.054	0.191	0.300	0.278	0.012
流动比率 S8	1.000	0.125	0.095	0.032	0.134	0.063
速动比率 S9	1.000	0.038	0.015	0.026	0.028	0.020
现金比率 S10	1.000	0.148	0.113	0.050	0.063	0.133
产权比率 S11	1.000	0.587	0.491	0.140	0.225	0.109
净资产收益率（年化）S12	1.000	1.000	0.997	0.998	0.982	0.990

表4-18至表4-22给出了因子贡献率的结果。结果显示，12组指标通过选取2～3个因子即实现了80%以上的方差贡献度。各年度因子得分值用来说明当年度建筑企业资本可持续水平具有较高代表性。

表4-18　资本可持续水平2016年总方差解释

成分	初始特征值			提取载荷平方和		
	总计	方差百分比	累积百分比	总计	方差百分比	累积百分比
1	48.862	66.067	66.067	48.862	66.067	66.067
2	10.368	14.019	80.086	10.368	14.019	80.086
3	7.484	10.120	90.206	7.484	10.120	90.206
4	3.823	5.169	95.375			
……			（略去7个成分）			
12	0.009	0.012	100.000			

提取方法：主成分分析法。

表4-19　资本可持续水平2017年总方差解释

成分	初始特征值			提取载荷平方和		
	总计	方差百分比	累积百分比	总计	方差百分比	累积百分比
1	66.505	69.379	69.379	66.505	69.379	69.379
2	10.311	10.756	80.135	10.311	10.756	80.135
3	8.464	8.829	88.965	8.464	8.829	88.965
4	4.252	4.436	93.400			
……			（略去7个成分）			
12	0.017	0.018	100.000			

提取方法：主成分分析法。

表4-20　资本可持续水平2018年总方差解释

成分	初始特征值			提取载荷平方和		
	总计	方差百分比	累积百分比	总计	方差百分比	累积百分比
1	74.057	75.091	75.091	74.057	75.091	75.091
2	9.560	9.694	84.785	9.560	9.694	84.785
3	6.597	6.689	91.474			
4	4.079	4.136	95.610			
……			（略去7个成分）			
12	0.003	0.003	100.000			

提取方法：主成分分析法。

表4-21　资本可持续水平2019年总方差解释

成分	初始特征值			提取载荷平方和		
	总计	方差百分比	累积百分比	总计	方差百分比	累积百分比
1	77.842	65.289	65.289	77.842	65.289	65.289
2	21.656	18.164	83.453	21.656	18.164	83.453

续表

成分	初始特征值			提取载荷平方和		
	总计	方差百分比	累积百分比	总计	方差百分比	累积百分比
3	9.383	7.870	91.323			
4	4.445	3.729	95.051			
……			（略去 7 个成分）			
12	0.006	0.005	100.000			

提取方法：主成分分析法。

表4-22　资本可持续水平2020年总方差解释

成分	初始特征值			提取载荷平方和		
	总计	方差百分比	累积百分比	总计	方差百分比	累积百分比
1	69.815	82.446	82.446	69.815	82.446	82.446
2	4.555	5.379	87.824			
3	4.142	4.891	92.715			
4	3.458	4.084	96.799			
……			（略去 7 个成分）			
14	0.003	0.003	100.000			

提取方法：主成分分析法。

　　本报告将提取后的因子通过加权平均得到因子综合得分，各因子的权重为该因子方差百分比与累计方差贡献度的比值，在此基础上，把因子综合得分转化为基期为 100 的对应值后，得到了 2016—2020 年各样本企业的资本可持续水平。各年度得分排名前 20 的企业如表 4-23 至表 4-27 所示，各年度得分总排名详见图 4-6 至图 4-10。

表4-23　2016年建筑企业资本可持续水平得分排名前20的样本企业

排名	样本企业名称	得分	排名	样本企业名称	得分
1	鲁商发展	279.75	11	华建集团	226.81
2	龙建股份	251.81	12	京投发展	226.66
3	东湖高新	243.21	13	中国电建	225.34
4	融创中国	238.26	14	旭辉控股集团	223.59
5	中华企业	237.56	15	中国铁建	221.96
6	中国恒大	236.58	16	信达地产	221.92
7	绿地控股	235.08	17	上海建工	221.47
8	碧桂园	234.52	18	时代中国控股	221.23
9	新城控股	233.64	19	中国中铁	220.98
10	四川路桥	229.62	20	天地源	219.34

表4-24 2017年建筑企业资本可持续水平得分排名前20的样本企业

排名	样本企业名称	得分	排名	样本企业名称	得分
1	新城控股	404.70	11	陆家嘴	288.21
2	融创中国	400.39	12	时代中国控股	276.83
3	万业企业	385.95	13	龙湖集团	266.04
4	东湖高新	381.40	14	光明地产	253.54
5	碧桂园	376.87	15	华润置地	249.67
6	龙光集团	365.70	16	卧龙地产	243.28
7	中国恒大	340.79	17	中国奥园	238.91
8	旭辉控股集团	329.57	18	金地集团	236.58
9	华夏幸福	304.94	19	龙建股份	233.14
10	万科A	294.78	20	保利地产	231.33

表4-25 2018年建筑企业资本可持续水平得分排名前20的样本企业

排名	样本企业名称	得分	排名	样本企业名称	得分
1	新城控股	445.87	11	旭辉控股集团	289.47
2	融创中国	379.34	12	龙湖集团	280.90
3	碧桂园	367.17	13	中国奥园	279.84
4	龙光集团	359.38	14	陆家嘴	279.59
5	中国恒大	352.30	15	华润置地	258.16
6	中华企业	342.68	16	金地集团	252.98
7	华夏幸福	339.05	17	雅居乐集团	252.02
8	时代中国控股	324.05	18	绿地控股	241.45
9	卧龙地产	321.55	19	华发股份	240.19
10	万科A	300.52	20	保利地产	236.54

表4-26 2019年建筑企业资本可持续水平得分排名前20的样本企业

排名	样本企业名称	得分	排名	样本企业名称	得分
1	华夏幸福	421.30	11	蓝光发展	274.28
2	融创中国	411.52	12	龙湖集团	274.23
3	新城控股	400.66	13	保利地产	272.91
4	龙光集团	388.27	14	金地集团	272.39
5	中国奥园	365.69	15	绿地控股	270.98
6	时代中国控股	351.00	16	陆家嘴	268.22
7	碧桂园	340.79	17	雅居乐集团	261.32
8	万科A	294.93	18	华润置地	258.79
9	旭辉控股集团	289.70	19	卧龙地产	252.32
10	同济科技	286.97	20	华发股份	243.15

表4-27 2020年建筑企业资本可持续水平得分排名前20的样本企业

排名	样本企业名称	得分	排名	样本企业名称	得分
1	中国奥园	428.96	11	陆家嘴	277.13
2	融创中国	418.67	12	金地集团	275.63
3	新城控股	411.34	13	同济科技	274.67
4	龙光集团	401.88	14	合生创展集团	269.41
5	时代中国控股	345.57	15	宝龙地产	267.40
6	旭辉控股集团	314.64	16	绿地控股	267.32
7	雅居乐集团	298.38	17	保利地产	263.37
8	碧桂园	295.92	18	鲁商发展	257.14
9	万科 A	294.48	19	华润置地	256.07
10	龙湖集团	283.21	20	蓝光发展	251.24

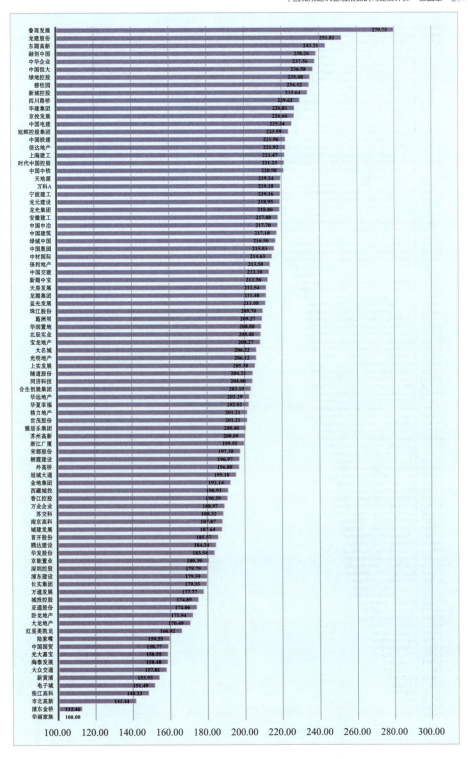

企业	得分
鲁商发展	279.75
龙建股份	251.81
东湖高新	243.21
融创中国	238.26
中华企业	237.56
中国恒大	236.58
绿地控股	235.08
碧桂园	234.52
新城控股	233.64
四川路桥	229.62
华建集团	226.81
京投发展	226.66
中国电建	225.34
旭辉控股集团	223.59
中国铁建	221.96
信达地产	221.92
上海建工	221.47
时代中国控股	221.23
中国中铁	220.98
天地源	219.34
万科A	219.18
宁波建工	219.16
龙元建设	218.95
龙光集团	218.80
安徽建工	217.88
中国中冶	217.70
中国建筑	217.18
绿城中国	216.50
中国奥园	215.83
中材国际	214.63
保利地产	213.58
中国交建	213.10
新湖中宝	212.38
天房发展	211.54
龙湖集团	211.48
蓝光发展	211.08
珠江股份	209.70
葛洲坝	209.27
华润置地	208.88
北辰实业	208.48
宝龙地产	208.27
大名城	206.22
光明地产	206.12
上实发展	205.38
隧道股份	204.21
同济科技	204.00
合生创展集团	203.19
华远地产	202.29
华夏幸福	202.02
格力地产	201.21
世茂股份	201.21
雅居乐集团	200.40
苏州高新	200.09
浙江广厦	199.51
宋都股份	197.38
栖霞建设	196.97
外高桥	196.80
冠城大通	195.18
金地集团	192.14
西藏城投	190.93
香江控股	190.59
万业企业	188.97
苏交科	188.32
南京高科	187.87
城建发展	187.64
首开股份	185.57
腾达建设	184.34
华发股份	183.54
京能置业	180.39
深圳控股	179.79
浦东建设	179.59
长实集团	179.35
万通发展	177.77
城投控股	174.89
亚通股份	174.06
卧龙地产	171.94
大龙地产	170.49
红星美凯龙	166.02
陆家嘴	159.55
中国国贸	158.77
光大嘉宝	158.55
海泰发展	158.48
大众交通	157.81
新黄浦	153.93
电子城	151.49
张江高科	148.23
市北高新	141.44
浦东金桥	112.46
华丽家族	100.00

图4-6　2016年建筑企业资本可持续水平得分排名

注：计算过程中去除了极端异常值企业，共保留89家企业。

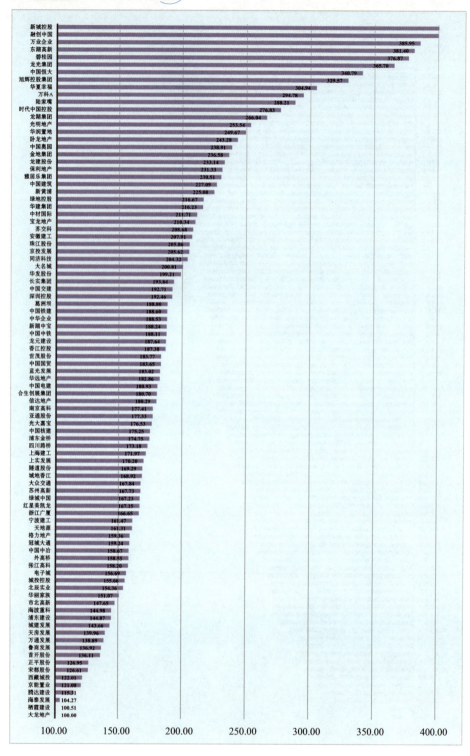

图4-7　2017年建筑企业资本可持续水平得分排名

注：计算过程中去除了极端异常值企业，共保留93家企业。

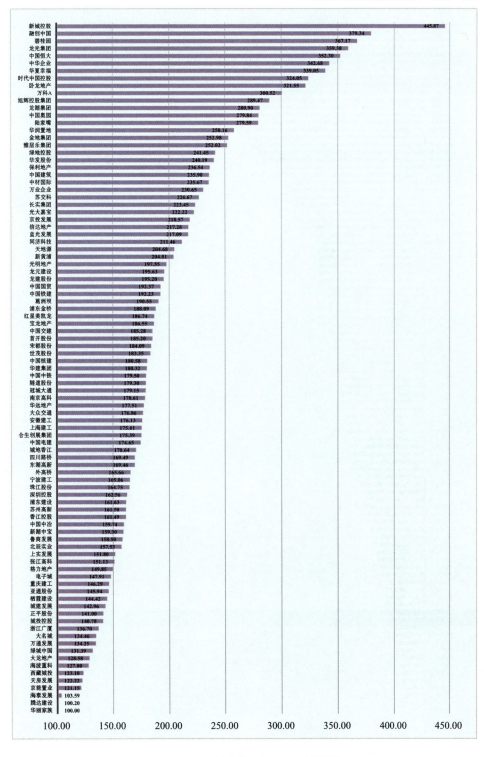

图4-8　2018年建筑企业资本可持续水平得分排名

注：计算过程中去除了极端异常值企业，共保留93家企业。

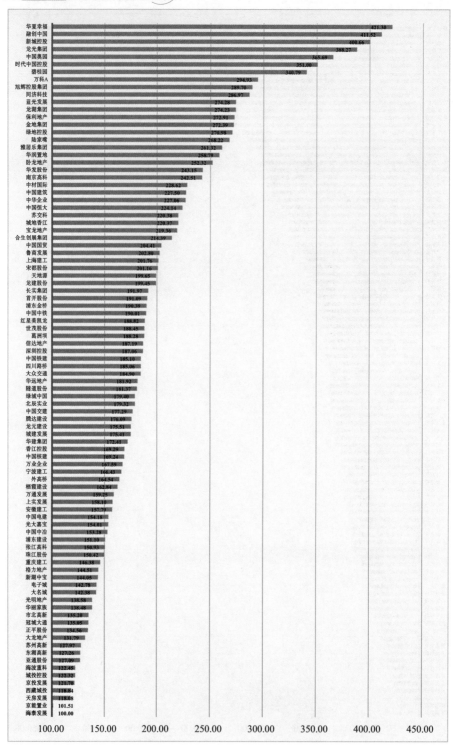

图4-9　2019年建筑企业资本可持续水平得分排名

注：计算过程中去除了极端异常值企业，共保留92家企业。

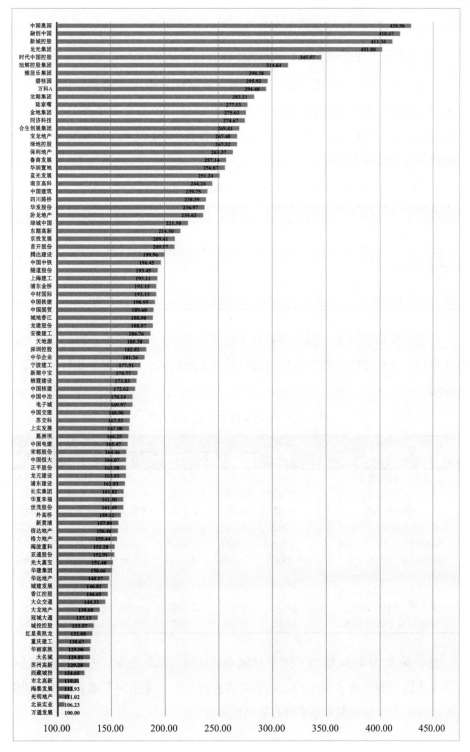

图4-10　2020年建筑企业资本可持续水平得分排名

注：计算过程中去除了极端异常值企业，共保留88家企业。

（三）建筑企业基础发展水平指数计算

首先，通过SPSS软件对各年度建筑企业基础发展水平的9组数据进行了KMO和Bartlett的球形检验，表4-28给出了2016—2020年各年度的检验结果，结果显示，KMO值均高于0.8，Bartlett球形检验的Sig值均为0.000，这说明我们的数据适合做因子分析。

表4-28　建筑企业基础发展水平样本数据KMO和Bartlett的球形检验结果

		2016年	2017年	2018年	2019年	2020年
	KMO值	0.866	0.856	0.841	0.866	0.847
Bartlett球形检验	近似卡方	2001.514	2046.842	2390.569	2175.746	2058.19
	Df	36	36	36	36	36
	Sig	0.000	0.000	0.000	0.000	0.000
	样本数	89	93	93	92	88

其次，我们再观测公因子方差表（见表4-29），发现因子分析的变量共同度非常高，变量中的大部分信息均能够被因子所提取，说明因子分析的结果是有效的。

表4-29　基础发展水平公因子方差

变量名称	初始	提取				
		2016年	2017年	2018年	2019年	2020年
股票已发行量D1	1.000	0.735	0.780	0.823	0.840	0.833
总市值D2	1.000	0.776	0.606	0.637	0.509	0.444
所得税D3	1.000	0.330	0.318	0.317	0.361	0.384
经营活动净收益（TTM）D4	1.000	0.552	0.560	0.520	0.561	0.600
营业总收入（TTM）D5	1.000	0.996	0.984	0.993	0.994	0.997
净利润（TTM）D6	1.000	0.669	0.643	0.591	0.651	0.644
扣除非经常性损益后的净利润（TTM）D7	1.000	0.612	0.566	0.582	0.613	0.618
息税前利润（TTM反推法）D8	1.000	0.650	0.597	0.558	0.603	0.611
利润总额（TTM）D9	1.000	0.566	0.536	0.500	0.548	0.559

表4-30至表4-34给出了因子贡献率的结果。结果显示，9组指标通过选取一个主因子即实现了90%以上的方差贡献度。各年度主因子得分值用来说明当年度建筑企业基础发展水平具有较高代表性。

表4-30　基础发展水平2016年总方差解释

成分	初始特征值			提取载荷平方和		
	总计	方差百分比	累积百分比	总计	方差百分比	累积百分比
1	2.42404E+22	96.219	96.219	2.42404E+22	96.219	96.219
2	8.61747E+20	3.421	99.640			
3	7.77479E+19	0.309	99.949			
4	6.34581E+18	0.025	99.974			
……			（略去 4 个成分）			
9	1.42425E+17	0.001	100.000			

提取方法：主成分分析法。

表4-31　基础发展水平2017年总方差解释

成分	初始特征值			提取载荷平方和		
	总计	方差百分比	累积百分比	总计	方差百分比	累积百分比
1	2.91889E+22	90.381	90.381	2.91889E+22	90.381	90.381
2	3.01958E+21	9.350	99.731			
3	6.50669E+19	0.201	99.933			
4	8.09825E+18	0.025	99.958			
……			（略去 4 个成分）			
9	2.78053E+17	0.001	100.000			

提取方法：主成分分析法。

表4-32　基础发展水平2018年总方差解释

成分	初始特征值			提取载荷平方和		
	总计	方差百分比	累积百分比	总计	方差百分比	累积百分比
1	3.64646E+22	93.518	93.518	3.64646E+22	93.518	93.518
2	2.38319E+21	6.112	99.630			
3	1.21466E+20	0.312	99.941			
4	1.19922E+19	0.031	99.972			
……			（略去 4 个成分）			
9	2.39521E+17	0.001	100.000			

提取方法：主成分分析法。

表4-33　基础发展水平2019年总方差解释

成分	初始特征值			提取载荷平方和		
	总计	方差百分比	累积百分比	总计	方差百分比	累积百分比
1	4.90952E+22	92.783	92.783	4.90952E+22	92.783	92.783
2	3.70913E+21	7.010	99.793			

续表

成分	初始特征值			提取载荷平方和		
	总计	方差百分比	累积百分比	总计	方差百分比	累积百分比
3	8.04541E+19	0.152	99.945			
4	1.34488E+19	0.025	99.970			
……			（略去 4 个成分）			
9	4.86342E+17	0.001	100.000			

提取方法：主成分分析法。

表4-34　基础发展水平2020年总方差解释

成分	初始特征值			提取载荷平方和		
	总计	方差百分比	累积百分比	总计	方差百分比	累积百分比
1	6.23898E+22	94.919	94.919	6.23898E+22	94.919	94.919
2	3.22304E+21	4.903	99.822			
3	8.6286E+19	0.131	99.953			
4	1.3891E+19	0.021	99.974			
……			（略去 4 个成分）			
9	4.07948E+17	0.001	100.000			

提取方法：主成分分析法。

　　本报告将提取后的主因子得分转化为基期为 100 的对应值后，得到了 2016—2020 年各样本企业的基础发展水平。各年度得分排名前 20 的企业如表 4-35 至表 4-39 所示，各年度得分总排名详见图 4-11 至图 4-15。

表4-35　2016年建筑企业基础发展水平得分排名前20的样本企业

排名	样本企业名称	得分	排名	样本企业名称	得分
1	中国建筑	1557.26	11	保利地产	351.01
2	中国中铁	1086.37	12	华润置地	318.63
3	中国铁建	1049.82	13	上海建工	298.81
4	中国交建	825.75	14	长实集团	287.44
5	万科 A	538.12	15	葛洲坝	257.80
6	绿地控股	480.79	16	龙湖集团	205.69
7	中国电建	478.55	17	华夏幸福	204.09
8	中国中冶	445.00	18	金地集团	198.67
9	中国恒大	436.27	19	雅居乐集团	172.38
10	碧桂园	362.54	20	融创中国	160.25

表4-36 2017年建筑企业基础发展水平得分排名前20的样本企业

排名	样本企业名称	得分	排名	样本企业名称	得分
1	中国建筑	1489.91	11	保利地产	344.05
2	中国中铁	1021.86	12	华润置地	327.90
3	中国铁建	985.82	13	长实集团	293.89
4	中国交建	756.20	14	上海建工	284.20
5	中国恒大	657.13	15	融创中国	246.47
6	万科A	558.60	16	龙湖集团	245.76
7	碧桂园	530.90	17	葛洲坝	244.84
8	绿地控股	482.70	18	华夏幸福	210.22
9	中国电建	470.20	19	雅居乐集团	186.72
10	中国中冶	438.11	20	新城控股	175.98

表4-37 2018年建筑企业基础发展水平得分排名前20的样本企业

排名	样本企业名称	得分	排名	样本企业名称	得分
1	中国建筑	1501.74	11	保利地产	352.00
2	中国中铁	973.08	12	华润置地	315.42
3	中国铁建	952.29	13	上海建工	294.18
4	中国恒大	752.59	14	龙湖集团	282.84
5	中国交建	706.37	15	融创中国	282.21
6	碧桂园	609.81	16	长实集团	236.58
7	万科A	537.46	17	葛洲坝	220.31
8	绿地控股	503.91	18	华夏幸福	215.41
9	中国电建	449.58	19	雅居乐集团	178.77
10	中国中冶	439.46	20	新城控股	176.61

表4-38 2019年建筑企业基础发展水平得分排名前20的样本企业

排名	样本企业名称	得分	排名	样本企业名称	得分
1	中国建筑	1497.56	11	保利地产	360.18
2	中国中铁	943.32	12	融创中国	320.65
3	中国铁建	916.57	13	华润置地	319.68
4	中国交建	664.28	14	龙湖集团	305.10
5	碧桂园	647.39	15	上海建工	299.67
6	中国恒大	637.42	16	长实集团	236.08
7	万科A	559.06	17	华夏幸福	216.73
8	绿地控股	515.88	18	葛洲坝	210.95
9	中国电建	444.65	19	新城控股	199.73
10	中国中冶	432.81	20	龙光集团	175.07

表4-39 2020年建筑企业基础发展水平得分排名前20的样本企业

排名	样本企业名称	得分	排名	样本企业名称	得分
1	中国建筑	1499.13	11	保利地产	329.18
2	中国中铁	948.90	12	融创中国	327.13
3	中国铁建	886.84	13	龙湖集团	307.13
4	中国交建	652.87	14	上海建工	298.73
5	中国恒大	572.82	15	华润置地	298.52
6	碧桂园	543.91	16	新城控股	233.67
7	万科 A	524.91	17	葛洲坝	199.64
8	绿地控股	490.98	18	华夏幸福	188.57
9	中国电建	449.15	19	金地集团	178.67
10	中国中冶	446.48	20	长实集团	177.83

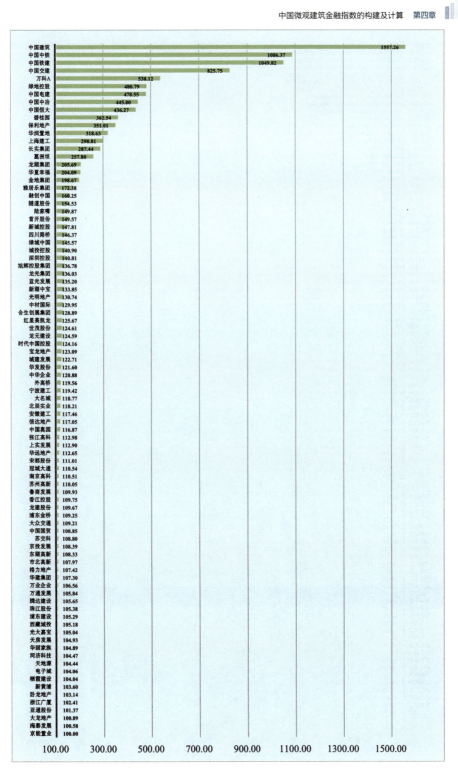

图4-11 2016年建筑企业基础发展水平得分排名

注：计算过程中去除了极端异常值企业，共保留89家企业。

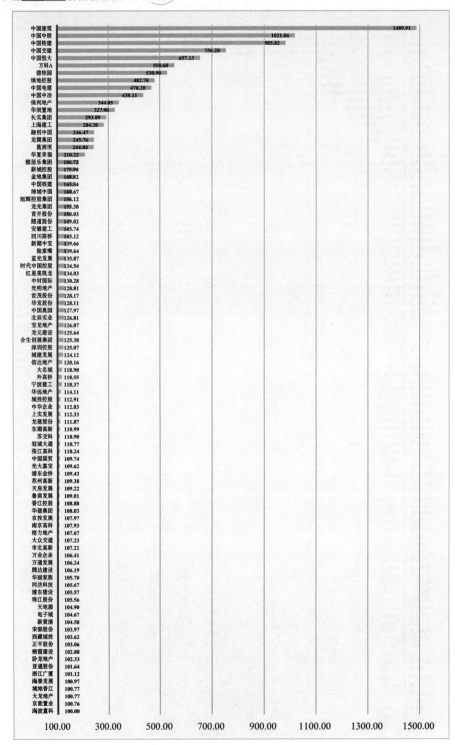

图4-12　2017年建筑企业基础发展水平得分排名

注：计算过程中去除了极端异常值企业，共保留93家企业。

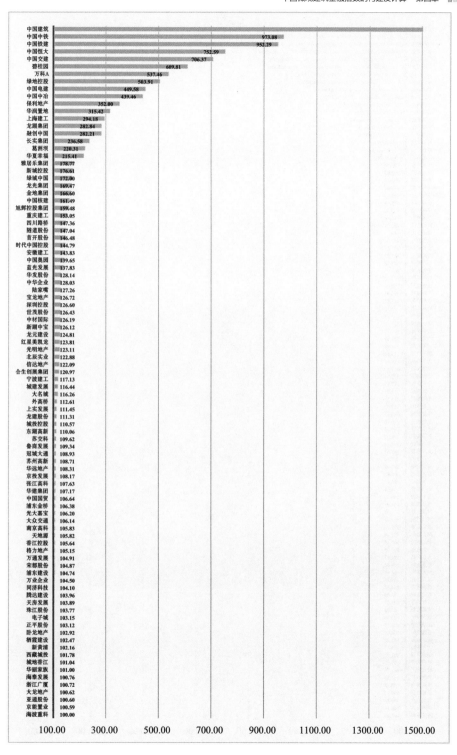

图4-13　2018年建筑企业基础发展水平得分排名

注：计算过程中去除了极端异常值企业，共保留93家企业。

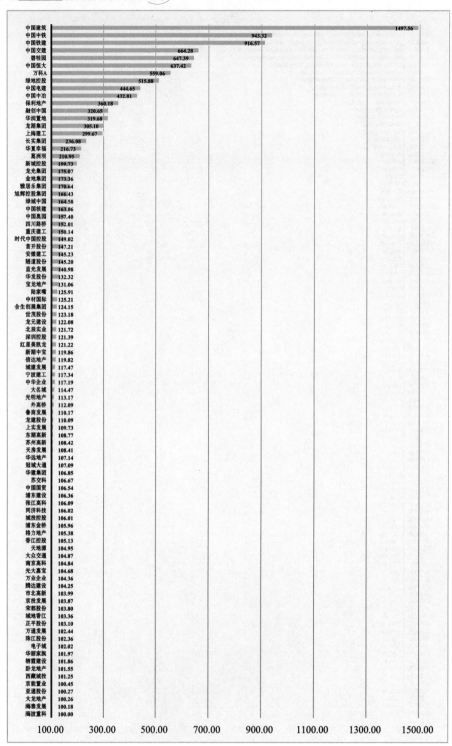

图4-14　2019年建筑企业基础发展水平得分排名

注：计算过程中去除了极端异常值企业，共保留92家企业。

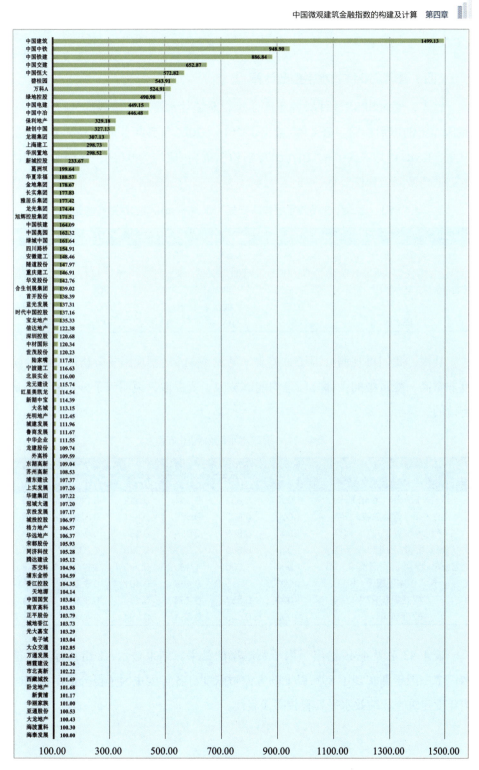

图4-15　2020年建筑企业基础发展水平得分排名

注：计算过程中去除了极端异常值企业，共保留88家企业。

（四）建筑企业绩效水平指数计算

首先，通过SPSS软件对各年度建筑企业绩效水平的8组数据进行了KMO和Bartlett的球形检验，表4-40给出了2016—2020年各年度的检验结果，结果显示，KMO值均高于0.6，Bartlett球形检验的Sig值均为0.000，这说明我们的数据适合做因子分析。

表4-40　建筑企业绩效水平样本数据KMO和Bartlett的球形检验结果

		2016 年	2017 年	2018 年	2019 年	2020 年
KMO 值		0.643	0.685	0.673	0.595	0.618
Bartlett 球形检验	近似卡方	637.092	761.399	666.177	649.117	606.582
	Df	28	28	28	28	28
	Sig	0.000	0.000	0.000	0.000	0.000
样本数		89	93	93	92	88

其次，我们再观测公因子方差表（见表4-41），发现因子分析的变量共同度非常高，变量中的大部分信息均能够被因子所提取，说明因子分析的结果是有效的。

表4-41　绩效水平的公因子方差

变量名称	初始	提取				
		2016 年	2017 年	2018 年	2019 年	2020 年
总资产报酬率（年化）P1	1.000	0.382	0.541	0.512	0.383	0.435
营业利润／营业总收入 P2	1.000	0.695	0.669	0.681	0.323	0.645
净利润／营业总收入 P3	1.000	0.869	0.959	0.936	0.906	0.853
息税前利润／营业总收入 P4	1.000	0.889	0.961	0.950	0.939	0.943
营业总收入（同比增长率）P5	1.000	1.000	1.000	0.999	1.000	0.997
投入资本回报率 P6	1.000	0.415	0.488	0.401	0.366	0.262
权益乘数 P7	1.000	0.357	0.253	0.236	0.309	0.299
资产负债率 P8	1.000	0.495	0.364	0.354	0.447	0.343

表4-42至表4-46给出了因子贡献率的结果。结果显示，8组指标通过选取一个主因子即实现了89%以上的方差贡献度。各年度主因子得分值用来说明当年度建筑企业绩效水平具有较高代表性。

表4-42 绩效水平2016年总方差解释

成分	初始特征值			提取载荷平方和		
	总计	方差百分比	累积百分比	总计	方差百分比	累积百分比
1	1874.037	72.947	72.947	1874.037	72.947	72.947
2	493.193	19.198	92.145	493.193	19.198	92.145
3	152.012	5.917	98.062			
4	34.487	1.342	99.404			
……			（略去3个成分）			
8	0.388	0.015	100.000			

提取方法：主成分分析法。

表4-43 绩效水平2017年总方差解释

成分	初始特征值			提取载荷平方和		
	总计	方差百分比	累积百分比	总计	方差百分比	累积百分比
1	1267.927	57.644	57.644	1267.927	57.644	57.644
2	695.778	31.632	89.276	695.778	31.632	89.276
3	166.222	7.557	96.833			
4	48.789	2.218	99.051			
……			（略去3个成分）			
8	0.594	0.027	100.000			

提取方法：主成分分析法。

表4-44 绩效水平2018年总方差解释

成分	初始特征值			提取载荷平方和		
	总计	方差百分比	累积百分比	总计	方差百分比	累积百分比
1	885.443	48.951	48.951	885.443	48.951	48.951
2	694.894	38.417	87.368	694.894	38.417	87.368
3	160.943	8.898	96.266			
4	47.570	2.630	98.896			
……			（略去3个成分）			
8	0.598	0.033	100.000			

提取方法：主成分分析法。

表4-45　绩效水平2019年总方差解释

成分	初始特征值			提取载荷平方和		
	总计	方差百分比	累积百分比	总计	方差百分比	累积百分比
1	2618.097	73.493	73.493	2618.097	73.493	73.493
2	660.773	18.549	92.041	660.773	18.549	92.041
3	161.621	4.537	96.578			
4	104.991	2.947	99.525			
……			（略去3个成分）			
8	0.390	0.011	100.000			

提取方法：主成分分析法。

表4-46　绩效水平2020年总方差解释

成分	初始特征值			提取载荷平方和		
	总计	方差百分比	累积百分比	总计	方差百分比	累积百分比
1	749.587	51.102	51.102	749.587	51.102	51.102
2	500.327	34.109	85.212	500.327	34.109	85.212
3	134.463	9.167	94.378			
4	67.459	4.599	98.977			
……			（略去3个成分）			
8	0.309	0.021	100.000			

提取方法：主成分分析法。

本报告将提取后的主因子得分转化为基期为100对应值后，得到了2016—2020年各样本企业的绩效水平。各年度得分排名前20的企业如表4-47至表4-51所示，各年度得分总排名详见图4-16至图4-20。

表4-47　2016年建筑企业绩效水平得分排名前20的样本企业

排名	样本企业名称	得分	排名	样本企业名称	得分
1	红星美凯龙	388.08	11	大龙地产	273.01
2	浦东金桥	376.21	12	城投控股	270.70
3	电子城	352.09	13	大众交通	268.97
4	长实集团	333.64	14	华丽家族	268.96
5	中国国贸	328.93	15	深圳控股	262.24
6	张江高科	317.75	16	合生创展集团	261.29
7	陆家嘴	297.66	17	西藏城投	258.46
8	新湖中宝	294.78	18	市北高新	257.14
9	万业企业	288.33	19	南京高科	254.70
10	龙光集团	273.32	20	中华企业	251.03

表4-48 2017年建筑企业绩效水平得分排名前20的样本企业

排名	样本企业名称	得分	排名	样本企业名称	得分
1	万业企业	377.92	11	龙光集团	257.44
2	浦东金桥	314.23	12	中国国贸	256.39
3	红星美凯龙	303.99	13	陆家嘴	254.73
4	长实集团	295.42	14	合生创展集团	254.37
5	市北高新	294.89	15	万通发展	249.50
6	新黄浦	294.56	16	世茂股份	247.24
7	华丽家族	293.83	17	龙湖集团	246.78
8	电子城	292.83	18	张江高科	243.75
9	融创中国	266.10	19	天房发展	242.91
10	光大嘉宝	258.97	20	深圳控股	242.53

表4-49 2018年建筑企业绩效水平得分排名前20的样本企业

排名	样本企业名称	得分	排名	样本企业名称	得分
1	长实集团	311.18	11	合生创展集团	253.04
2	浦东金桥	301.59	12	大众交通	251.26
3	万业企业	284.72	13	龙光集团	250.37
4	城投控股	281.35	14	融创中国	250.12
5	卧龙地产	274.53	15	龙湖集团	248.83
6	深圳控股	267.01	16	中国国贸	244.17
7	陆家嘴	265.22	17	电子城	233.03
8	红星美凯龙	264.79	18	中华企业	231.60
9	张江高科	261.69	19	宋都股份	231.25
10	光大嘉宝	259.66	20	华润置地	230.91

表4-50 2019年建筑企业绩效水平得分排名前20的样本企业

排名	样本企业名称	得分	排名	样本企业名称	得分
1	中国恒大	949.04	11	融创中国	435.31
2	中国建筑	791.81	12	中国电建	432.79
3	碧桂园	585.66	13	华润置地	378.65
4	中国交建	572.08	14	龙湖集团	334.05
5	保利地产	544.11	15	华夏幸福	321.34
6	万科A	499.59	16	首开股份	254.27
7	长实集团	469.18	17	中国中冶	251.66
8	中国中铁	465.19	18	金地集团	239.75
9	绿地控股	449.12	19	绿城中国	236.18
10	中国铁建	443.05	20	旭辉控股集团	233.79

表4-51　2020年建筑企业绩效水平得分排名前20的样本企业

排名	样本企业名称	得分	排名	样本企业名称	得分
1	合生创展集团	466.67	11	市北高新	281.70
2	南京高科	395.48	12	新城控股	277.02
3	电子城	367.58	13	卧龙地产	271.95
4	陆家嘴	339.11	14	中国国贸	271.40
5	京投发展	336.45	15	宋都股份	262.15
6	深圳控股	310.76	16	华润置地	256.84
7	宝龙地产	303.67	17	雅居乐集团	254.61
8	浦东金桥	298.39	18	金地集团	253.58
9	城投控股	296.67	19	龙光集团	251.38
10	万通发展	288.24	20	长实集团	250.22

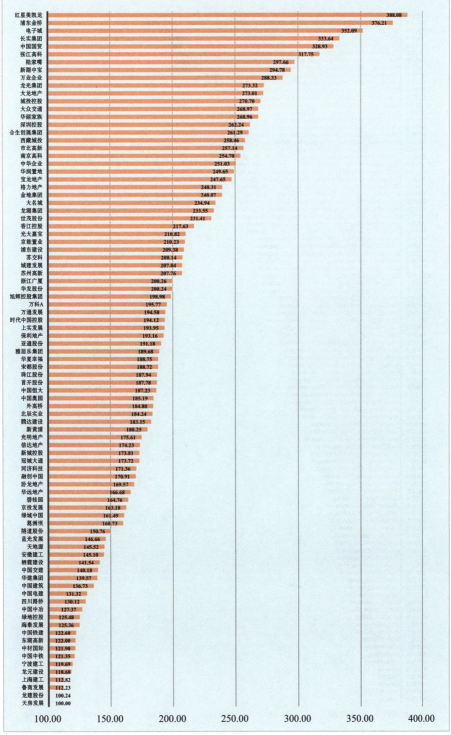

图4-16　2016年建筑企业绩效水平得分排名

注：计算过程中去除了极端异常值企业，共保留89家企业。

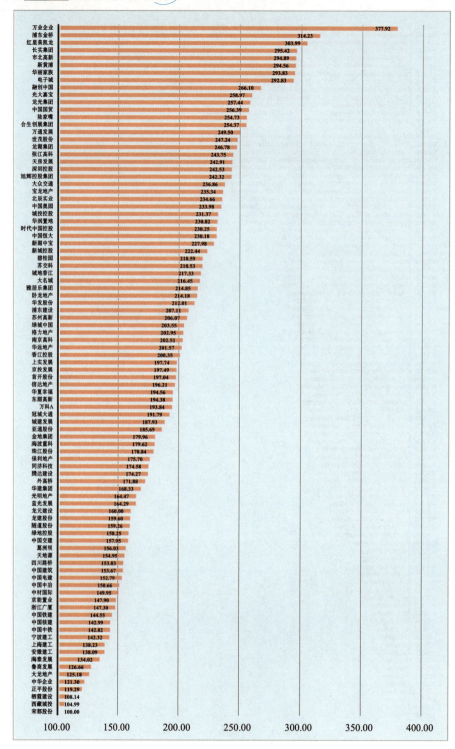

图4-17　2017年建筑企业绩效水平得分排名

注：计算过程中去除了极端异常值企业，共保留93家企业。

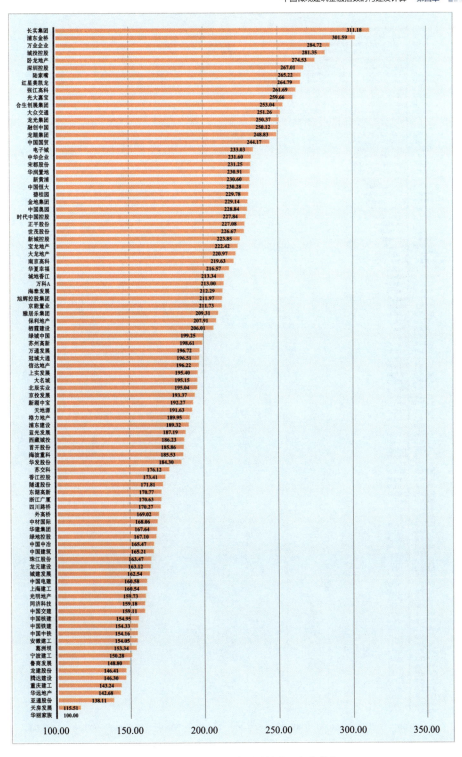

图4-18　2018年建筑企业绩效水平得分排名

注：计算过程中去除了极端异常值企业，共保留93家企业。

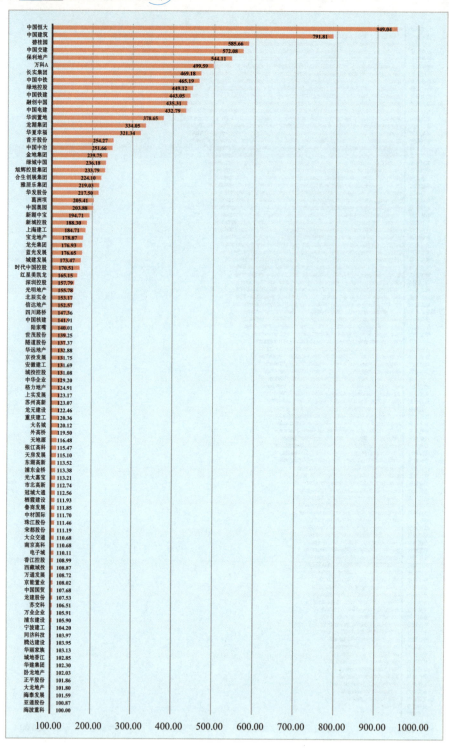

图4-19　2019年建筑企业绩效水平得分排名

注：计算过程中去除了极端异常值企业，共保留92家企业。

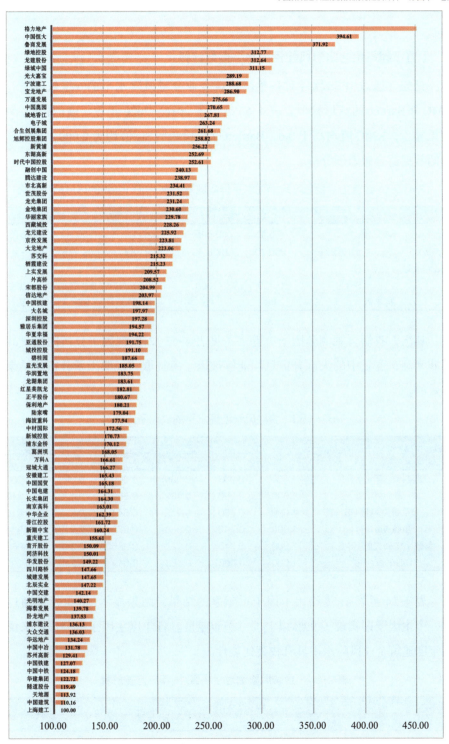

图4-20　2020年建筑企业绩效水平得分排名

注：计算过程中去除了极端异常值企业，共保留92家企业。

（五）建筑企业金融风险管控水平指数计算

首先，通过SPSS软件对各年度建筑企业金融风险水平的6组数据进行了KMO和Bartlett的球形检验，表4-52给出了2016—2020年各年度的检验结果，结果显示，KMO值均高于0.6，Bartlett球形检验的Sig值均为0.000，这说明我们的数据适合做因子分析。

表4-52　建筑企业金融风险治理水平样本数据KMO和Bartlett的球形检验结果

		2016 年	2017 年	2018 年	2019 年	2020 年
	KMO 值	0.632	0.645	0.644	0.600	0.676
Bartlett 球形检验	近似卡方	1250.104	1928.401	1998.387	1588.275	1623.413
	Df	15	15	15	15	15
	Sig	0.000	0.000	0.000	0.000	0.000
	样本数	89	93	93	92	88

其次，我们再观测公因子方差表（见表4-53），发现因子分析的变量共同度非常高，变量中的大部分信息均能够被因子所提取，说明因子分析的结果是有效的。

表4-53　金融风险治理水平的公因子方差

变量名称	初始	提取				
		2016 年	2017 年	2018 年	2019 年	2020 年
波动率（年化）R1	1.000	0.993	0.999	1.000	0.999	1.000
Beta R2	1.000	0.390	0.182	0.569	0.176	0.419
非系统性风险 R3	1.000	0.580	0.972	0.844	0.897	0.918
参数 VaR R4	1.000	0.742	0.868	0.975	0.942	0.964
参数平均损失值 ES R5	1.000	0.740	0.922	0.985	0.952	0.969
R-Square R6	1.000	0.003	0.101	0.019	0.240	0.227

表4-54至表4-58给出了因子贡献率的结果，结果显示，6组指标通过选取一个主因子即实现了99%以上的方差贡献度。各年度主因子得分值用来说明当年度建筑企业风险水平具有较高代表性。

表4-54　金融风险治理水平2016年总方差解释

成分	初始特征值			提取载荷平方和		
	总计	方差百分比	累积百分比	总计	方差百分比	累积百分比
1	64.287	95.100	95.100	64.287	95.100	95.100
2	3.178	4.701	99.800			

成分	初始特征值			提取载荷平方和		
	总计	方差百分比	累积百分比	总计	方差百分比	累积百分比
3	0.129	0.190	99.991			
4	0.004	0.006	99.997			
5	0.002	0.003	100.000			
6	1.664E-6	2.462E-6	100.000			

提取方法：主成分分析法。

表4-55　金融风险治理水平2017年总方差解释

成分	初始特征值			提取载荷平方和		
	总计	方差百分比	累积百分比	总计	方差百分比	累积百分比
1	130.685	98.698	98.698	130.685	98.698	98.698
2	1.406	1.062	99.760			
3	0.315	0.238	99.998			
4	0.002	0.002	100.000			
5	3.935E-5	2.972E-5	100.000			
6	4.263E-7	3.220E-7	100.000			

提取方法：主成分分析法。

表4-56　金融风险治理水平2018年总方差解释

成分	初始特征值			提取载荷平方和		
	总计	方差百分比	累积百分比	总计	方差百分比	累积百分比
1	138.493	99.700	99.700	138.493	99.700	99.700
2	0.329	0.237	99.937			
3	0.085	0.061	99.998			
4	0.002	0.002	100.000			
5	0.000	9.581E-5	100.000			
6	5.951E-7	4.284E-7	100.000			

提取方法：主成分分析法。

表4-57　金融风险治理水平2019年总方差解释

成分	初始特征值			提取载荷平方和		
	总计	方差百分比	累积百分比	总计	方差百分比	累积百分比
1	147.702	99.317	99.317	147.702	99.317	99.317
2	0.910	0.612	99.929			
3	0.097	0.066	99.994			
4	0.006	0.004	99.998			

续表

成分	初始特征值			提取载荷平方和		
	总计	方差百分比	累积百分比	总计	方差百分比	累积百分比
5	0.003	0.002	100.000			
6	7.674E-7	5.160E-7	100.000			

提取方法：主成分分析法。

表4-58　金融风险治理水平2020年总方差解释

成分	初始特征值			提取载荷平方和		
	总计	方差百分比	累积百分比	总计	方差百分比	累积百分比
1	175.78	99.544	99.544	175.78	99.544	99.544
2	0.72	0.408	99.952			
3	0.08	0.045	99.997			
4	0.003	0.002	99.999			
5	0.003	0.001	100.000			
6	7.47E-07	4.23E-07	100.000			

提取方法：主成分分析法。

　　因为金融风险治理水平为反向指标，本报告将提取后的主因子得分进行了反向处理，并在此基础上，将其转化为基期为100的对应值，得到了2016—2020年各样本企业的金融风险治理水平指数，分数越高，企业金融风险水平越低。各年度得分排名前20的企业如表4-59至表4-63所示，各年度得分总排名详见图4-21至图4-25。

表4-59　2016年建筑企业金融风险治理水平排名前20的样本企业

排名	样本企业名称	得分	排名	样本企业名称	得分
1	中国奥园	294.09	11	北辰实业	254.80
2	碧桂园	281.82	12	龙湖集团	254.24
3	四川路桥	278.66	13	龙光集团	248.96
4	苏州高新	275.61	14	旭辉控股集团	248.58
5	时代中国控股	271.26	15	华夏幸福	248.37
6	世茂股份	261.30	16	冠城大通	248.03
7	浦东建设	259.88	17	长实集团	247.96
8	合生创展集团	259.58	18	华远地产	246.61
9	深圳控股	257.08	19	上海建工	245.38
10	雅居乐集团	256.87	20	陆家嘴	242.60

表4-60　2017年建筑企业金融风险治理水平得分排名前20的样本企业

排名	样本企业名称	得分	排名	样本企业名称	得分
1	上海建工	255.20	11	中国国贸	237.32
2	大名城	253.07	12	首开股份	235.39
3	浦东金桥	246.41	13	中国中铁	234.24
4	南京高科	245.45	14	绿地控股	233.88
5	张江高科	244.91	15	中国中冶	233.40
6	长实集团	244.09	16	苏州高新	233.25
7	大众交通	242.16	17	上实发展	232.96
8	外高桥	241.48	18	浦东建设	231.79
9	世茂股份	240.97	19	陆家嘴	228.30
10	信达地产	237.52	20	鲁商发展	227.94

表4-61　2018年建筑企业金融风险治理水平得分排名前20的样本企业

排名	样本企业名称	得分	排名	样本企业名称	得分
1	中国中铁	278.83	11	华建集团	244.15
2	上海建工	275.77	12	外高桥	242.48
3	长实集团	274.91	13	大名城	240.63
4	中国电建	270.30	14	新黄浦	234.72
5	中国中冶	261.21	15	中国建筑	234.35
6	大众交通	253.93	16	浦东建设	234.17
7	天地源	249.54	17	中华企业	234.08
8	深圳控股	247.96	18	安徽建工	233.32
9	中国国贸	246.89	19	四川路桥	230.57
10	隧道股份	245.26	20	冠城大通	230.26

表4-62　2019年建筑企业金融风险治理水平得分排名前20的样本企业

排名	样本企业名称	得分	排名	样本企业名称	得分
1	中国中铁	239.25	11	长实集团	225.24
2	隧道股份	236.95	12	大龙地产	223.42
3	红星美凯龙	236.91	13	中华企业	222.97
4	四川路桥	234.24	14	保利地产	222.90
5	中国建筑	233.25	15	大众交通	222.53
6	绿地控股	232.06	16	华建集团	221.62
7	上海建工	231.33	17	万科A	221.18
8	深圳控股	227.96	18	中国国贸	220.99
9	天地源	227.52	19	北辰实业	220.28
10	中国电建	226.12	20	中国中冶	219.81

表4-63　2020年建筑企业金融风险治理水平得分排名前20的样本企业

排名	样本企业名称	得分	排名	样本企业名称	得分
1	上海建工	238.69	11	大众交通	224.75
2	中国建筑	234.76	12	浦东建设	224.71
3	天地源	233.30	13	卧龙地产	224.17
4	隧道股份	231.15	14	海泰发展	223.30
5	华建集团	229.90	15	光明地产	223.11
6	中国中铁	229.34	16	中国交建	222.39
7	中国铁建	228.22	17	北辰实业	220.42
8	苏州高新	227.31	18	城建发展	220.25
9	中国中冶	226.39	19	四川路桥	220.25
10	华远地产	225.44	20	华发股份	219.65

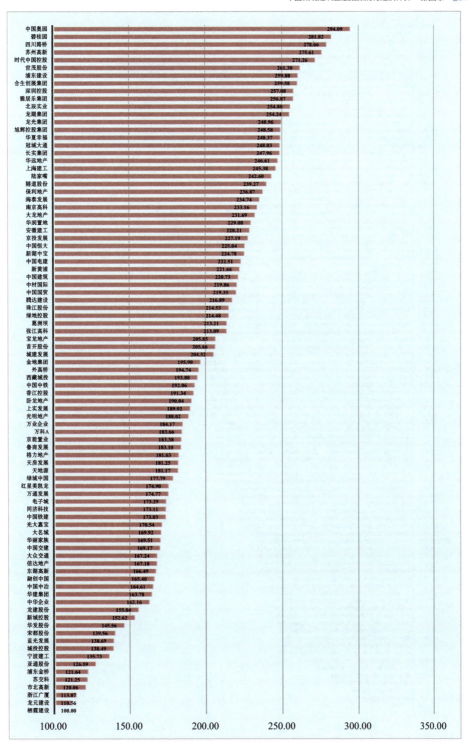

图4-21　2016年建筑企业金融风险治理水平得分排名

注：计算过程中去除了极端异常值企业，共保留89家企业。

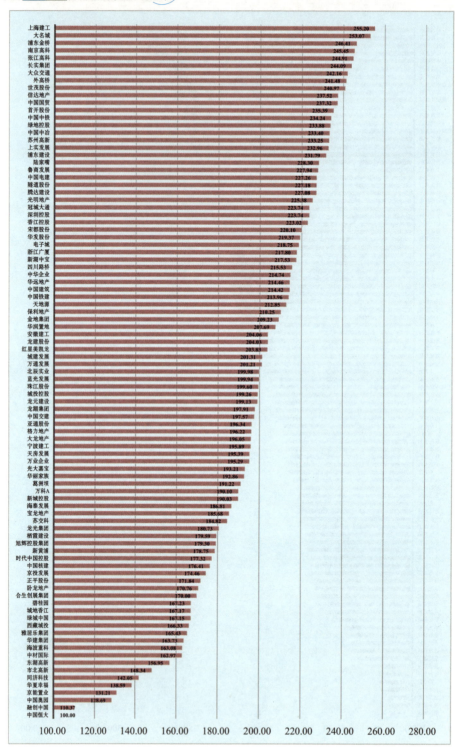

图4-22　2017年建筑企业金融风险治理水平得分排名

注：计算过程中去除了极端异常值企业，共保留93家企业。

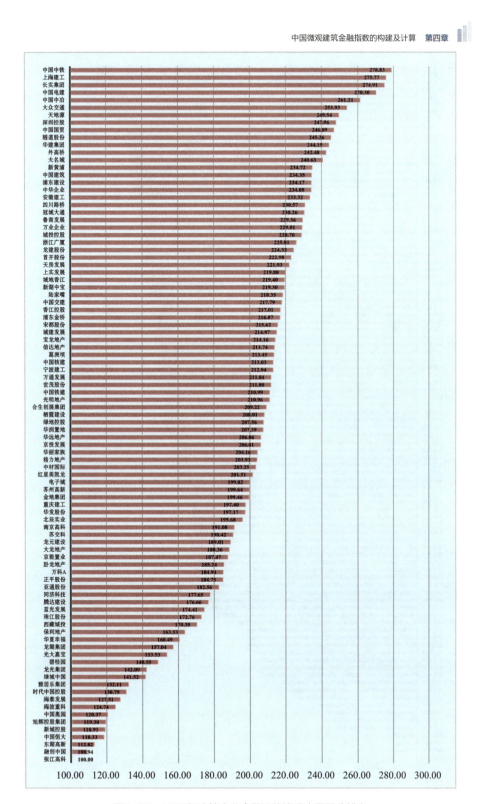

图4-23　2018年建筑企业金融风险治理水平得分排名

注：计算过程中去除了极端异常值企业，共保留93家企业。

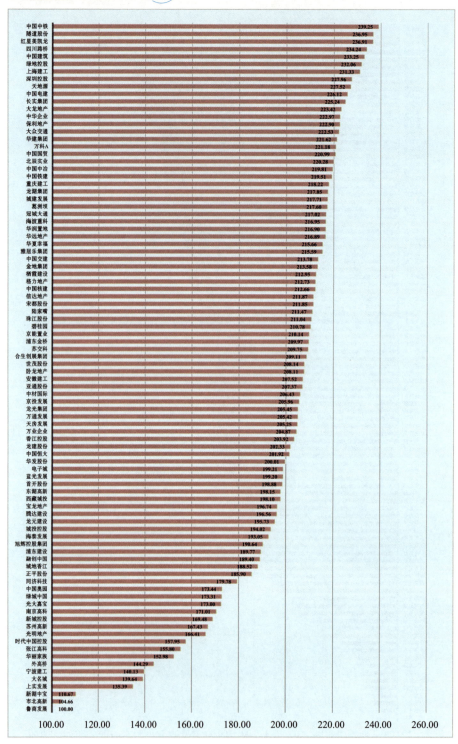

图4-24　2019年建筑企业金融风险治理水平得分排名

注：计算过程中去除了极端异常值企业，共保留92家企业。

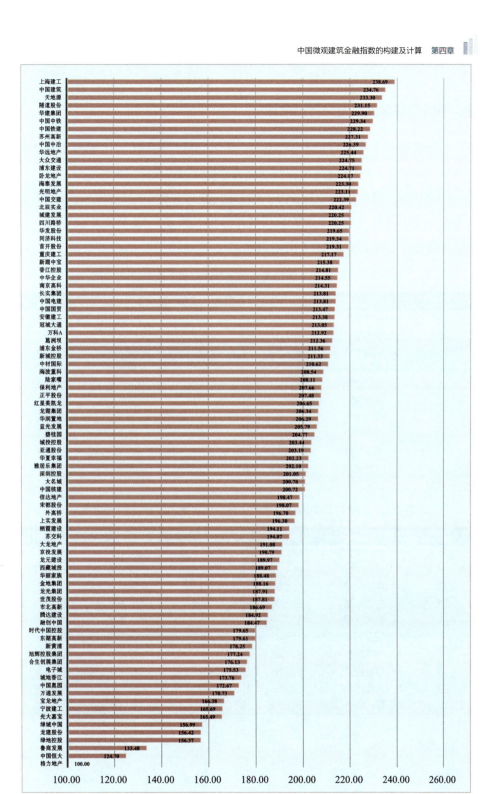

图4-25　2020年建筑企业金融风险治理水平得分排名

注：计算过程中去除了极端异常值企业，共保留92家企业。

三、中国微观建筑金融综合指数计算

本报告按照专家建议的 0.23，0.21，0.18，0.17 和 0.21 的比重对二级指标进行赋权使用式（4-1）计算出各时间段的微观建筑金融综合指数：

$$MIAF_t = 0.23 \times F_t + 0.21 \times S_t + 0.18 \times D_t + 0.17 \times P_t + 0.21 \times R_t \qquad （4-1）$$

各年度中国微观建筑金融综合指数得分排名如表 4-64 至表 4-68 所示，各年度得分总排名详见图 4-26 至图 4-30。

表4-64　2016年中国微观建筑金融综合水平排名前20企业

排名	样本企业名称	得分	排名	样本企业名称	得分
1	中国建筑	599.68	11	碧桂园	289.02
2	中国恒大	431.07	12	华润置地	276.85
3	中国中铁	417.37	13	中国中冶	252.94
4	中国铁建	407.32	14	龙湖集团	235.42
5	中国交建	394.23	15	华夏幸福	219.94
6	绿地控股	342.64	16	合生创展集团	219.15
7	长实集团	327.81	17	新湖中宝	216.03
8	万科A	320.89	18	上海建工	214.43
9	中国电建	298.53	19	葛洲坝	213.76
10	保利地产	290.43	20	融创中国	212.27

表4-65　2017年中国微观建筑金融综合水平得分排名前20企业

排名	样本企业名称	得分	排名	样本企业名称	得分
1	中国建筑	576.85	11	融创中国	292.53
2	中国恒大	504.57	12	中国电建	291.96
3	中国中铁	403.89	13	华润置地	290.96
4	中国铁建	392.23	14	中国中冶	252.71
5	中国交建	376.40	15	龙湖集团	249.87
6	万科A	353.05	16	新城控股	232.46
7	碧桂园	351.36	17	华夏幸福	232.39
8	绿地控股	326.30	18	万业企业	230.16
9	长实集团	313.53	19	龙光集团	225.27
10	保利地产	311.59	20	旭辉控股集团	219.75

表4-66 2018年中国微观建筑金融综合水平得分排名前20企业

排名	样本企业名称	得分	排名	样本企业名称	得分
1	中国建筑	584.59	11	中国电建	302.47
2	中国恒大	484.81	12	融创中国	281.09
3	中国中铁	401.58	13	华润置地	281.08
4	碧桂园	388.94	14	龙湖集团	260.83
5	中国铁建	385.88	15	中国中冶	257.66
6	中国交建	369.84	16	华夏幸福	250.01
7	万科 A	359.74	17	新城控股	234.58
8	绿地控股	320.95	18	龙光集团	222.73
9	长实集团	315.38	19	金地集团	219.37
10	保利地产	314.35	20	上海建工	216.03

表4-67 2019年中国微观建筑金融综合水平得分排名前20企业

排名	样本企业名称	得分	排名	样本企业名称	得分
1	中国建筑	683.04	11	中国电建	333.02
2	中国恒大	583.82	12	长实集团	317.78
3	碧桂园	466.62	13	华润置地	308.90
4	中国中铁	446.02	14	华夏幸福	301.31
5	中国交建	430.53	15	龙湖集团	291.87
6	中国铁建	427.17	16	中国中冶	256.92
7	万科 A	408.85	17	新城控股	231.00
8	保利地产	386.60	18	金地集团	229.16
9	绿地控股	378.15	19	龙光集团	226.97
10	融创中国	358.04	20	旭辉控股集团	224.34

表4-68 2020年中国微观建筑金融综合水平得分排名前20企业

排名	样本企业名称	得分	排名	样本企业名称	得分
1	中国建筑	574.05	11	华润置地	283.05
2	中国中铁	391.64	12	中国电建	281.85
3	中国铁建	375.88	13	龙湖集团	274.11
4	中国恒大	363.77	14	新城控股	268.28
5	中国交建	358.84	15	合生创展集团	259.29
6	万科 A	351.70	16	长实集团	251.61
7	碧桂园	348.12	17	龙光集团	243.02
8	融创中国	323.20	18	中国奥园	241.83
9	保利地产	318.01	19	中国中冶	241.18
10	绿地控股	300.09	20	雅居乐集团	229.02

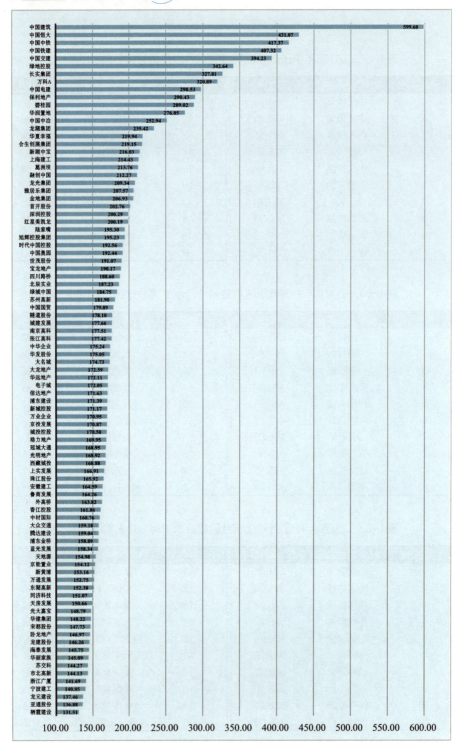

图4-26　2016年中国微观建筑金融综合水平得分排名

注：计算过程中去除了极端异常值企业，共保留89家企业。

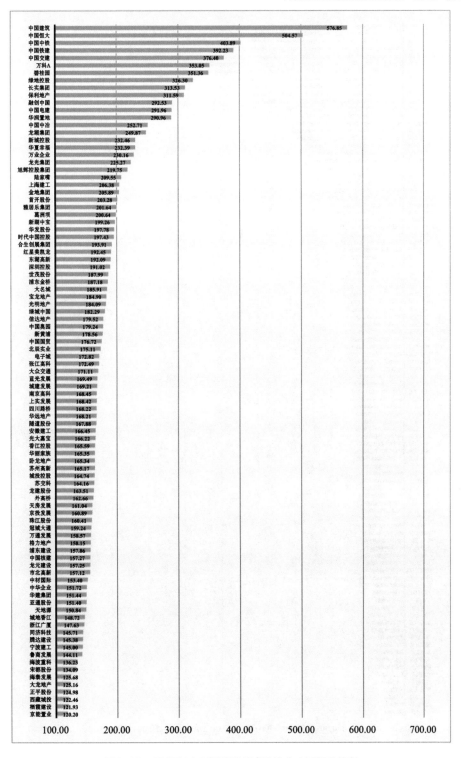

图4-27　2017年中国微观建筑金融综合水平得分排名

注：计算过程中去除了极端异常值企业，共保留93家企业。

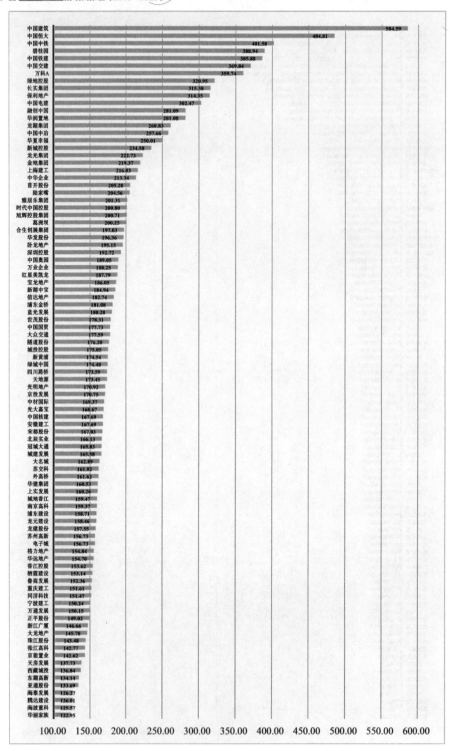

图4-28 2018年中国微观建筑金融综合水平得分排名

注：计算过程中去除了极端异常值企业，共保留93家企业。

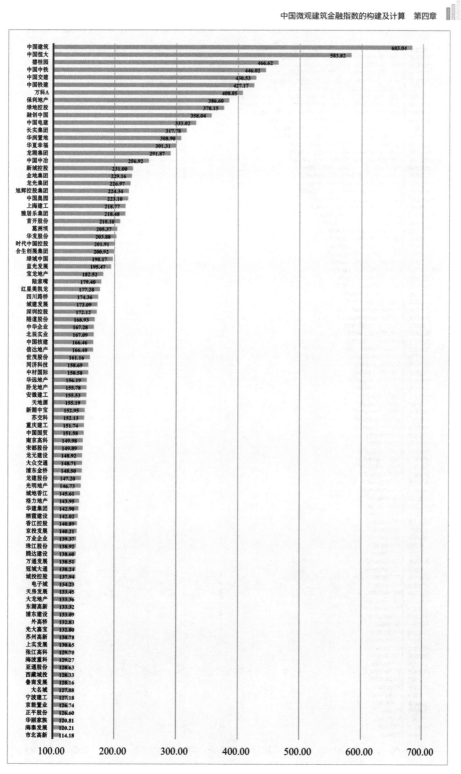

图4-29　2019年中国微观建筑金融综合水平得分排名

注：计算过程中去除了极端异常值企业，共保留92家企业。

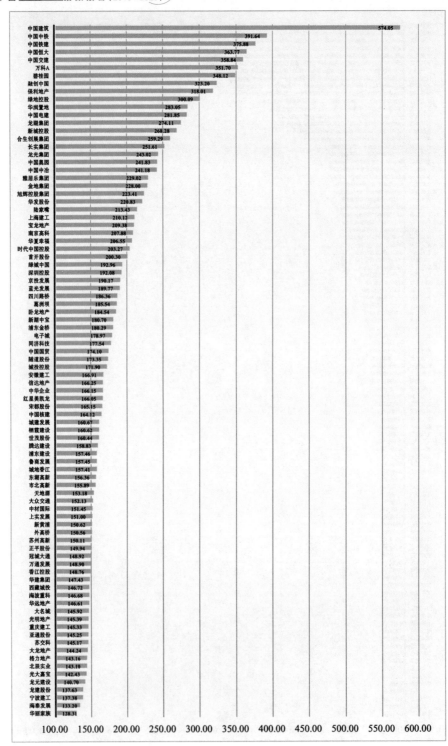

图4-30　2020年中国微观建筑金融综合水平得分排名

注：计算过程中去除了极端异常值企业，共保留93家企业。

第五章

中国微观建筑金融综合指数的综合评价

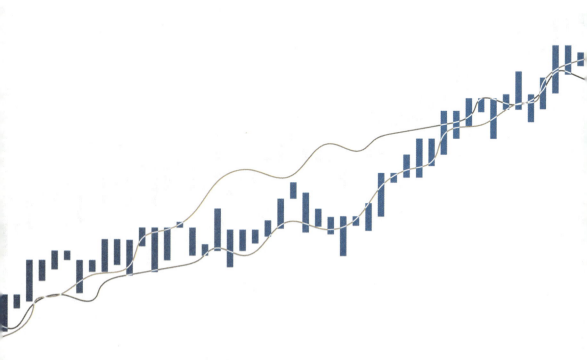

第一节　中国微观建筑金融综合指数的得分排名变化

一、建筑企业金融支持水平指数得分排名变化

2016—2020 年我国建筑企业金融支持水平指数得分及排名变化情况见表 5-1，可以直观地观察到各建筑企业金融支持水平的变化趋势。

表5-1　建筑企业金融支持水平指数得分排名变化

企业名称	2020		2016		2016—2020	变化方向	2016—2020	变化方向
	排名	得分	排名	得分	排名变化		得分变化	
中国建筑	1	777.67	2	887.68	1	↑	−110.01	↓
中国恒大	2	752.06	1	972.91	−1	↓	−220.85	↓
中国交建	3	582.44	3	615.15	0	−	−32.70	↓
保利地产	4	545.03	9	434.00	5	↑	111.02	↑
碧桂园	5	516.68	11	379.65	6	↑	137.02	↑
万科 A	6	495.59	8	461.54	2	↑	34.04	↑
中国中铁	7	465.03	7	497.64	0	−	−32.61	↓
中国铁建	8	458.05	6	498.09	−2	↓	−40.04	↓
绿地控股	9	434.90	4	610.26	−5	↓	−175.36	↓
长实集团	10	426.88	5	563.57	−5	↓	−136.69	↓
融创中国	11	421.18	14	302.61	3	↑	118.57	↑
中国电建	12	416.95	10	417.46	−2	↓	−0.51	↓
华润置地	13	385.03	12	369.93	−1	↓	15.10	↑
龙湖集团	14	333.11	16	264.74	2	↑	68.37	↑
华夏幸福	15	313.76	17	245.81	2	↑	67.95	↑
合生创展集团	16	266.81	18	236.28	2	↑	30.53	↑
首开股份	17	250.17	15	268.52	−2	↓	−18.35	↓

续表

企业名称	2020		2016		2016—2020	变化方向	2016—2020	变化方向
	排名	得分	排名	得分	排名变化		得分变化	
华发股份	18	248.98	21	217.45	3	↑	31.53	↑
金地集团	19	240.59	22	212.49	3	↑	28.09	↑
绿城中国	20	238.41	23	209.94	3	↑	28.47	↑
中国中冶	21	227.45	13	308.27	−8	↓	−80.82	↓
旭辉控股集团	22	220.45	32	163.59	10	↑	56.86	↑
雅居乐集团	23	211.74	24	209.86	1	↑	1.88	↑
新城控股	24	210.28	36	147.40	12	↑	62.88	↑
中国奥园	25	208.28	41	142.78	16	↑	65.50	↑
葛洲坝	26	200.04	19	223.11	−7	↓	−23.07	↓
龙光集团	27	195.78	26	174.62	−1	↓	21.16	↑
上海建工	28	192.16	25	188.82	−3	↓	3.34	↑
宝龙地产	29	183.95	29	169.36	0	−	14.59	↑
蓝光发展	30	179.75	34	154.87	4	↑	24.88	↑
城建发展	31	173.10	31	164.73	0	−	8.37	↑
新湖中宝	32	167.44	20	217.50	−12	↓	−50.06	↓
时代中国控股	33	167.29	37	146.93	4	↑	20.36	↑
红星美凯龙	34	162.21	27	173.93	−7	↓	−11.72	↓
深圳控股	35	160.51	30	167.93	−5	↓	−7.42	↓
四川路桥	36	149.76	38	145.16	2	↑	4.60	↑
信达地产	37	148.72	28	170.55	−9	↓	−21.83	↓
北辰实业	38	145.04	33	162.37	−5	↓	−17.34	↓
陆家嘴	39	142.06	40	144.65	1	↑	−2.59	↓
光明地产	40	141.48	42	142.45	2	↑	−0.97	↓
隧道股份	41	139.29	44	137.05	3	↑	2.24	↑
世茂股份	42	137.08	43	139.87	1	↑	−2.79	↓
城投控股	43	136.87	39	144.81	−4	↓	−7.94	↓
安徽建工	44	133.59	66	109.15	22	↑	24.44	↑
京投发展	45	128.86	49	123.10	4	↑	5.76	↑
华远地产	46	126.62	47	127.09	1	↑	−0.47	↓
龙元建设	47	124.12	61	111.58	14	↑	12.55	↑
中华企业	48	123.84	53	116.79	5	↑	7.06	↑
苏州高新	49	123.82	52	116.85	3	↑	6.97	↑
格力地产	50	123.16	46	127.67	−4	↓	−4.51	↓
上实发展	51	122.46	45	133.90	−6	↓	−11.44	↓
大名城	52	119.67	35	149.66	−17	↓	−29.98	↓
外高桥	53	117.87	48	124.57	−5	↓	−6.69	↓
光大嘉宝	54	115.38	69	108.44	15	↑	6.94	↑
天地源	55	114.99	51	118.84	−4	↓	−3.85	↓
浦东金桥	56	112.88	57	113.51	1	↑	−0.63	↓
东湖高新	57	112.03	58	113.50	1	↑	−1.47	↓

续表

| 企业名称 | 2020 | | 2016 | | 2016—2020 | 变化 | 2016—2020 | 变化 |
	排名	得分	排名	得分	排名变化	方向	得分变化	方向
鲁商发展	58	112.01	50	122.57	-8	↓	-10.56	↓
冠城大通	59	111.99	55	114.98	-4	↓	-3.00	↓
南京高科	60	111.59	60	112.61	0	–	-1.02	↓
宋都股份	61	110.39	70	108.30	9	↑	2.09	↑
电子城	62	110.34	64	109.82	2	↑	0.52	↑
市北高新	63	110.20	59	113.33	-4	↓	-3.14	↓
中材国际	64	110.15	63	110.44	-1	↓	-0.29	↓
栖霞建设	65	110.05	56	114.63	-9	↓	-4.58	↓
大众交通	66	109.31	62	111.00	-4	↓	-1.69	↓
香江控股	67	107.75	71	108.29	4	↑	-0.55	↓
西藏城投	68	107.68	65	109.54	-3	↓	-1.86	↓
中国国贸	69	107.08	68	108.59	-1	↓	-1.51	↓
万通发展	70	106.86	54	115.58	-16	↓	-8.73	↓
龙建股份	71	106.51	76	104.54	5	↑	1.97	↑
新黄浦	72	105.85	67	108.67	-5	↓	-2.83	↓
苏交科	73	105.73	75	105.61	2	↑	0.12	↑
浦东建设	74	105.44	73	106.75	-1	↓	-1.31	↓
宁波建工	75	103.72	74	106.44	-1	↓	-2.72	↓
腾达建设	76	103.48	72	107.07	-4	↓	-3.59	↓
同济科技	77	102.62	77	104.10	0	–	-1.48	↓
华丽家族	78	102.28	78	103.85	0	–	-1.58	↓
卧龙地产	79	101.97	81	102.43	2	↑	-0.47	↓
华建集团	80	101.69	82	100.68	2	↑	1.01	↑
大龙地产	81	101.32	80	102.45	-1	↓	-1.13	↓
海泰发展	82	101.18	79	103.30	-3	↓	-2.12	↓
亚通股份	83	100.14	83	100.00	0	–	0.14	↑

注：以企业 2020 年的指数得分排名为序。

　　首先，从指数排名变化情况可以发现：大部分企业排名虽有变动，但基本保持了相对稳定的态势，尤其是榜单前 10 位的头部企业，表现相当稳定。除中国电建一家跌出前 10 至第 12 位以外，其余 9 家只是排名略有波动，仍保持着相当明显的优势。这反映出我国金融市场对于建筑企业的评价体系与评价标准已比较成熟，该领域已逐渐不再是"热钱"追逐短期利润的乐园。我们重点关注排名变化比较明显的几家企业，其中排名下降明显的分别是新湖中宝下滑 12 位、大名城下滑 17 位、万通发展下滑 16 位，考虑到这三家企业的体量与业务范围，短期内金融支持水平出现如此明显的下滑，透露出比较明显的市场信号，对其发展前景而言可能不甚乐观；排名上升明显的分别是新城控股攀升 12 位、中国奥园攀升 16 位、安徽建工攀升 22 位、龙元建设攀升 14 位、光大嘉宝攀升 15 位，我们对待金融支持水平明显上升的企业，观点更为谨慎，上述 5 家企业在金融支持水平方面获得的成功当然对其日后发展具有重要意义，但考虑到其总体中上游的分布区域，长期发展趋势仍待观察。

其次，从指数得分变化情况看，由于该指数得分更多地考察的是企业的相对水平，故本报告并未重点分析，但从该项的表现仍能一窥我国建筑企业近年来金融支持水平的总体状态。可以发现，大部分企业都实现了绝对分数的提升，表明建筑企业的金融支持水平整体向好，借助资本市场的支持，企业发展势头将获得更加充足的动力。值得关注的是头部企业的变化，该部位集中了大部分的大幅波动，既有大幅下滑，如中国建筑、中国恒大、绿地控股、长实集团等，也有大幅上升，如保利地产、碧桂园、融创中国等，这其实反映了建筑企业间的金融支持水平差距总体在缩小，主要企业的优势地位越发不明显，部分体量较小但较具特色的企业较之以前更受市场欢迎。同时也体现出随着我国大规模基础设施及房地产建设逐渐进入成熟期，原有的企业发展模式逐渐进入瓶颈期，为了获得资本市场的青睐，转型可能是大部分建筑企业亟须思考的问题。

二、建筑企业资本可持续水平指数得分排名变化

2016—2020 年我国建筑企业资本可持续水平得分及排名变化情况见表 5-2，可以直观地观察到各建筑企业资本可持续水平的变化趋势。

表5-2 建筑企业资本可持续水平指数得分排名变化

企业名称	2020		2016		2016—2020	变化方向	2016—2020	变化方向
	排名	得分	排名	得分	排名变化		得分变化	
中国奥园	1	428.96	29	215.83	28	↑	213.13	↑
融创中国	2	418.67	4	238.26	2	↑	180.41	↑
新城控股	3	411.34	9	233.64	6	↑	177.70	↑
龙光集团	4	401.88	24	218.80	20	↑	183.08	↑
时代中国控股	5	345.57	18	221.23	13	↑	124.34	↑
旭辉控股集团	6	314.64	14	223.59	8	↑	91.06	↑
雅居乐集团	7	298.38	50	200.40	43	↑	97.97	↑
碧桂园	8	295.92	8	234.52	0	—	61.40	↑
万科 A	9	294.48	21	219.18	12	↑	75.30	↑

续表

企业名称	2020		2016		2016—2020	变化	2016—2020	变化
	排名	得分	排名	得分	排名变化	方向	得分变化	方向
龙湖集团	10	283.21	34	211.48	24	↑	71.72	↑
陆家嘴	11	277.13	74	159.55	63	↑	117.58	↑
金地集团	12	275.63	56	192.14	44	↑	83.49	↑
同济科技	13	274.67	44	204.00	31	↑	70.67	↑
合生创展集团	14	269.41	45	203.19	31	↑	66.22	↑
宝龙地产	15	267.40	39	208.27	24	↑	59.13	↑
绿地控股	16	267.32	7	235.08	−9	↓	32.25	↑
保利地产	17	263.37	31	213.58	14	↑	49.79	↑
鲁商发展	18	257.14	1	279.75	−17	↓	−22.61	↓
华润置地	19	256.07	37	208.88	18	↑	47.18	↑
蓝光发展	20	251.24	35	211.08	15	↑	40.16	↑
南京高科	21	244.24	60	187.87	39	↑	56.37	↑
中国建筑	22	239.75	27	217.18	5	↑	22.57	↑
四川路桥	23	238.39	10	229.62	−13	↓	8.77	↑
华发股份	24	236.97	64	183.54	40	↑	53.43	↑
卧龙地产	25	235.62	71	171.94	46	↑	63.68	↑
绿城中国	26	221.50	28	216.50	2	↑	5.00	↑
东湖高新	27	214.50	3	243.21	−24	↓	−28.71	↓
京投发展	28	209.41	12	226.66	−16	↓	−17.25	↓
首开股份	29	209.17	62	185.57	33	↑	23.60	↑
腾达建设	30	199.96	63	184.34	33	↑	15.62	↑
中国中铁	31	196.45	19	220.98	−12	↓	−24.53	↓
隧道股份	32	193.45	43	204.21	11	↑	−10.76	↓
上海建工	33	193.11	17	221.47	−16	↓	−28.37	↓
浦东金桥	34	192.15	82	112.46	48	↑	79.69	↑
中材国际	35	192.13	30	214.63	−5	↓	−22.49	↓
中国铁建	36	190.95	15	221.96	−21	↓	−31.01	↓
中国国贸	37	189.60	75	158.77	38	↑	30.83	↑
龙建股份	38	188.97	2	251.81	−36	↓	−62.84	↓
安徽建工	39	186.76	25	217.88	−14	↓	−31.12	↓
天地源	40	185.38	20	219.34	−20	↓	−33.96	↓
深圳控股	41	182.82	65	179.79	24	↑	3.03	↑
中华企业	42	181.26	5	237.56	−37	↓	−56.30	↓
宁波建工	43	177.51	22	219.16	−21	↓	−41.66	↓
新湖中宝	44	174.77	33	212.38	−11	↓	−37.61	↓
栖霞建设	45	173.83	53	196.97	8	↑	−23.14	↓
中国中冶	46	170.14	26	217.70	−20	↓	−47.56	↓
电子城	47	169.97	80	151.49	33	↑	18.48	↑
中国交建	48	168.06	32	213.10	−16	↓	−45.04	↓
苏交科	49	167.53	59	188.32	10	↑	−20.80	↓

续表

企业名称	2020		2016		2016—2020	变化方向	2016—2020	变化方向
	排名	得分	排名	得分	排名变化		得分变化	
上实发展	50	167.00	42	205.38	−8	↓	−38.38	↓
葛洲坝	51	166.25	36	209.27	−15	↓	−43.02	↓
中国电建	52	165.47	13	225.34	−39	↓	−59.87	↓
宋都股份	53	164.46	52	197.38	−1	↓	−32.92	↓
中国恒大	54	164.07	6	236.58	−48	↓	−72.51	↓
龙元建设	55	163.93	23	218.95	−32	↓	−55.02	↓
浦东建设	56	162.93	66	179.59	10	↑	−16.67	↓
长实集团	57	161.82	67	179.35	10	↑	−17.54	↓
华夏幸福	58	161.50	47	202.02	−11	↓	−40.52	↓
世茂股份	59	161.49	49	201.21	−10	↓	−39.72	↓
外高桥	60	159.12	54	196.80	−6	↓	−37.68	↓
新黄浦	61	157.00	79	153.93	18	↑	3.07	↑
信达地产	62	156.46	16	221.92	−46	↓	−65.47	↓
格力地产	63	155.44	48	201.21	−15	↓	−45.77	↓
亚通股份	64	152.91	70	174.06	6	↑	−21.14	↓
光大嘉宝	65	151.48	76	158.55	11	↑	−7.07	↓
华建集团	66	150.66	11	226.81	−55	↓	−76.15	↓
华远地产	67	148.17	46	202.29	−21	↓	−54.11	↓
城建发展	68	146.81	61	187.64	−7	↓	−40.82	↓
香江控股	69	146.65	58	190.59	−11	↓	−43.93	↓
大众交通	70	144.33	78	157.81	8	↑	−13.48	↓
大龙地产	71	139.08	72	170.49	1	↑	−31.40	↓
冠城大通	72	137.13	55	195.18	−17	↓	−58.05	↓
城投控股	73	133.37	69	174.89	−4	↓	−41.52	↓
红星美凯龙	74	132.05	73	166.02	−1	↓	−33.97	↓
华丽家族	75	129.90	83	100.00	8	↑	29.90	↑
大名城	76	129.81	40	206.22	−36	↓	−76.41	↓
苏州高新	77	129.28	51	200.09	−26	↓	−70.81	↓
西藏城投	78	124.65	57	190.93	−21	↓	−66.28	↓
市北高新	79	119.31	81	141.44	2	↑	−22.13	↓
海泰发展	80	113.93	77	158.48	−3	↓	−44.55	↓
光明地产	81	111.02	41	206.12	−40	↓	−95.10	↓
北辰实业	82	106.23	38	208.48	−44	↓	−102.26	↓
万通发展	83	100.00	68	177.77	−15	↓	−77.77	↓

注：以企业 2020 年的指数得分排名为序。

首先，从指数排名变化情况可以发现：在资本可持续水平这一指标上，完全呈现出与金融支持水平大不相同的波动。不在少数的企业排名出现了剧烈波动，甚至并未形成较为稳定的头部企业，2016 年排名前 10 的企业只有 3 家出现在 2020 年的前 10 榜单。我们重点关注几家降幅明显的原头部企业，东湖高新由第 3 位下降 24 位、龙建股份由第 2 位下降 36 位、中华企业由第 5 位下降 37 位、中国恒大由第 6 位下降 48 位。上述 4 家企业不但跌出前 10，其跌幅之大令人不禁联想到资本可持续水平背后可能伴随的不理性经营与投资行为。当然，中国奥园、雅居乐集团、陆家嘴等企业在该指标上实现显著跃升，考虑到过去五年我国房地产持续升温的局面，一定程度上能够说明这些企业的稳健选择。

其次，从指数得分变化情况看，尽管该指标主要反映企业间的相对水平的变化，但观察其分布变化仍能获得一些有趣的信息。我国建筑企业资本可持续水平在过去五年间，一定程度上表现出"反转"之势，即 2016 年排在上半区的企业多数排名下滑，2016 年排在下半区的企业多数排名上升。对这一现象而言，可以说具有巨大的解释空间和研究价值，为什么大部分资本可持续水平相对较强的企业在过去五年逐渐丧失了这一优势？其成因是来自过去五年我国建筑行业生态的变化还是企业管理者的个体特征？值得学界业界更深层次的探讨。

三、建筑企业基础发展水平指数得分排名变化

2016—2020 年我国建筑企业基础水平指数得分及排名变化情况见表 5-3，可以直观地观察到各建筑企业基础水平的变化趋势。

表5-3　建筑企业基础发展水平指数得分排名变化

企业名称	2020		2016		2016—2020	变化方向	2016—2020	变化方向
	排名	得分	排名	得分	排名变化		得分变化	
中国建筑	1	1499.13	1	1557.26	0	–	-58.13	↓
中国中铁	2	948.90	2	1086.37	0	–	-137.47	↓
中国铁建	3	886.84	3	1049.82	0	–	-162.97	↓
中国交建	4	652.87	4	825.75	0	–	-172.88	↓
中国恒大	5	572.82	9	436.27	4	↑	136.55	↑
碧桂园	6	543.91	10	362.54	4	↑	181.37	↑
万科 A	7	524.91	5	538.12	-2	↓	-13.20	↓
绿地控股	8	490.98	6	480.79	-2	↓	10.19	↑
中国电建	9	449.15	7	478.55	-2	↓	-29.40	↓
中国中冶	10	446.48	8	445.00	-2	↓	1.48	↑
保利地产	11	329.18	11	351.01	0	–	-21.83	↓
融创中国	12	327.13	20	160.25	8	↑	166.88	↑
龙湖集团	13	307.13	16	205.69	3	↑	101.44	↑

续表

企业名称	2020 排名	2020 得分	2016 排名	2016 得分	2016—2020 排名变化	变化方向	2016—2020 得分变化	变化方向
上海建工	14	298.73	13	298.81	-1	↓	-0.08	↓
华润置地	15	298.52	12	318.63	-3	↓	-20.11	↓
新城控股	16	233.67	24	147.81	8	↑	85.87	↑
葛洲坝	17	199.64	15	257.80	-2	↓	-58.16	↓
华夏幸福	18	188.57	17	204.09	-1	↓	-15.53	↓
金地集团	19	178.67	18	198.67	-1	↓	-20.00	↓
长实集团	20	177.83	14	287.44	-6	↓	-109.61	↓
雅居乐集团	21	177.42	19	172.38	-2	↓	5.04	↑
龙光集团	22	174.44	30	136.03	8	↑	38.41	↑
旭辉控股集团	23	171.51	29	136.78	6	↑	34.73	↑
中国奥园	24	162.32	50	116.87	26	↑	45.45	↑
绿城中国	25	161.64	26	145.57	1	↑	16.07	↑
四川路桥	26	154.91	25	146.37	-1	↓	8.54	↑
安徽建工	27	148.46	48	117.46	21	↑	31.00	↑
隧道股份	28	147.97	21	154.53	-7	↓	-6.56	↓
华发股份	29	142.76	42	121.60	13	↑	21.16	↑
合生创展集团	30	139.02	35	128.89	5	↑	10.12	↑
首开股份	31	138.39	23	149.57	-8	↓	-11.18	↓
蓝光发展	32	137.31	31	135.20	-1	↓	2.11	↑
时代中国控股	33	137.16	39	124.16	6	↑	13.00	↑
宝龙地产	34	135.33	40	123.09	6	↑	12.24	↑
信达地产	35	122.38	49	117.05	14	↑	5.33	↑
深圳控股	36	120.68	28	140.81	-8	↓	-20.13	↓
中材国际	37	120.34	34	129.95	-3	↓	-9.62	↓
世茂股份	38	120.23	37	124.61	-1	↓	-4.38	↓
陆家嘴	39	117.81	22	149.87	-17	↓	-32.06	↓
宁波建工	40	116.63	45	119.42	5	↑	-2.79	↓
北辰实业	41	116.00	47	118.21	6	↑	-2.21	↓
龙元建设	42	115.74	38	124.59	-4	↓	-8.84	↓
红星美凯龙	43	114.54	36	125.67	-7	↓	-11.13	↓
新湖中宝	44	114.39	32	133.85	-12	↓	-19.46	↓
大名城	45	113.15	46	118.77	1	↑	-5.63	↓
光明地产	46	112.45	33	130.74	-13	↓	-18.30	↓
城建发展	47	111.96	41	122.71	-6	↓	-10.75	↓
鲁商发展	48	111.67	57	109.93	9	↑	1.74	↑
中华企业	49	111.55	43	120.88	-6	↓	-9.33	↓
龙建股份	50	109.74	59	109.67	9	↑	0.07	↑
外高桥	51	109.59	44	119.56	-7	↓	-9.96	↓
东湖高新	52	109.04	65	108.33	13	↑	0.72	↑
苏州高新	53	108.53	56	110.05	3	↑	-1.52	↓
浦东建设	54	107.37	71	105.29	17	↑	2.08	↑

企业名称	2020		2016		2016—2020	变化	2016—2020	变化
	排名	得分	排名	得分	排名变化	方向	得分变化	方向
上实发展	55	107.26	51	112.90	−4	↓	−5.63	↓
华建集团	56	107.22	68	107.30	12	↑	−0.08	↓
冠城大通	57	107.20	54	110.54	−3	↓	−3.34	↓
京投发展	58	107.17	64	108.39	6	↑	−1.22	↓
城投控股	59	106.97	27	140.90	−32	↓	−33.93	↓
格力地产	60	106.57	67	107.42	7	↑	−0.85	↓
华远地产	61	106.37	52	112.65	−9	↓	−6.28	↓
宋都股份	62	105.93	53	111.01	−9	↓	−5.07	↓
同济科技	63	105.28	75	104.47	12	↑	0.81	↑
腾达建设	64	105.12	70	105.65	6	↑	−0.53	↓
苏交科	65	104.96	63	108.80	−2	↓	−3.84	↓
浦东金桥	66	104.59	60	109.25	−6	↓	−4.66	↓
香江控股	67	104.35	58	109.75	−9	↓	−5.40	↓
天地源	68	104.14	76	104.44	8	↑	−0.30	↓
中国国贸	69	103.84	62	108.85	−7	↓	−5.01	↓
南京高科	70	103.83	55	110.51	−15	↓	−6.68	↓
光大嘉宝	71	103.29	73	105.04	2	↑	−1.74	↓
电子城	72	103.04	77	104.06	5	↑	−1.02	↓
大众交通	73	102.85	61	109.21	−12	↓	−6.36	↓
万通发展	74	102.62	69	105.84	−5	↓	−3.22	↓
栖霞建设	75	102.36	78	104.04	3	↑	−1.68	↓
市北高新	76	102.22	66	107.97	−10	↓	−5.74	↓
西藏城投	77	101.69	72	105.18	−5	↓	−3.49	↓
卧龙地产	78	101.68	80	103.14	2	↑	−1.46	↓
新黄浦	79	101.17	79	103.60	0	−	−2.43	↓
华丽家族	80	101.00	74	104.89	−6	↓	−3.90	↓
亚通股份	81	100.53	81	101.37	0	−	−0.84	↓
大龙地产	82	100.43	82	100.89	0	−	−0.46	↓
海泰发展	83	100.00	83	100.58	0	−	−0.58	↓

注：以企业 2020 年的指数得分排名为序。

首先，从指数排名变化情况可以发现：相对于前后其他四个指标来说，大部分企业的基础发展水平保持了相当稳定的状态，极少数企业的排名出现较明显波动，且以上升为主，如中国奥园上升 26 位、安徽建工上升 21 位、浦东建设上升 17 位等；极少数明显下降的如陆家嘴下滑 17 位，城投控股下滑 32 位等。考虑到基础发展水平主要反映企业的整体发展水平及其基本面的综合实力，短时间内很难出现大幅波动，使得实现跃升的企业更为难能可贵。

其次，从指数得分变化情况看，比较大的降幅基本集中于上半区，且头部企业的平均降幅明显大于样本平均降幅，较之下半区企业则更为明显。这说明就基础发展水平而言，我国建筑企业间的差距有所缩小，头部企业的领先优势有所收敛。对于行业整体发展而言，这是一个良好信号。中国恒大、碧桂园、融创中国、龙湖集团虽然都实现了超过100分的提升，一定程度上反映出上述企业的快速扩张，但是结合其在资本可持续水平及金融风险水平的得分，这种扩张是否具有可持续性，尚有待观察。

四、建筑企业绩效水平指数得分排名变化

2016—2020年我国建筑企业绩效水平指数得分及排名变化情况见表5-4，可以直观地观察到各建筑企业绩效水平的变化趋势。

表5-4　建筑企业绩效水平指数得分排名变化

| 企业名称 | 2020 | | 2016 | | 2016—2020 | 变化 | 2016—2020 | 变化 |
	排名	得分	排名	得分	排名变化	方向	得分变化	方向
合生创展集团	1	466.67	14	261.29	13	↑	205.38	↑
南京高科	2	395.48	17	254.70	15	↑	140.78	↑
电子城	3	367.58	3	352.09	0	－	15.49	↑
陆家嘴	4	339.11	6	297.66	2	↑	41.45	↑
京投发展	5	336.45	59	163.18	54	↑	173.28	↑
深圳控股	6	310.76	13	262.24	7	↑	48.52	↑
宝龙地产	7	303.67	20	247.65	13	↑	56.02	↑
浦东金桥	8	298.39	2	376.21	-6	↓	-77.82	↓
城投控股	9	296.67	10	270.70	1	↑	25.97	↑
万通发展	10	288.24	35	194.58	25	↑	93.66	↑
市北高新	11	281.70	16	257.14	5	↑	24.55	↑
新城控股	12	277.02	52	173.81	40	↑	103.20	↑
卧龙地产	13	271.95	56	169.57	43	↑	102.38	↑
中国国贸	14	271.40	5	328.93	-9	↓	-57.52	↓
宋都股份	15	262.15	42	188.72	27	↑	73.43	↑
华润置地	16	256.84	19	249.65	3	↑	7.19	↑
雅居乐集团	17	254.61	40	189.68	23	↑	64.93	↑
金地集团	18	253.58	22	240.07	4	↑	13.50	↑
龙光集团	19	251.38	8	273.32	-11	↓	-21.93	↓
长实集团	20	250.22	4	333.64	-16	↓	-83.42	↓
格力地产	21	247.11	21	240.31	0	－	6.80	↑
华发股份	22	246.93	32	200.24	10	↑	46.69	↑
融创中国	23	239.90	55	170.91	32	↑	68.99	↑

续表

企业名称	2020		2016		2016—2020	变化	2016—2020	变化
	排名	得分	排名	得分	排名变化	方向	得分变化	方向
新湖中宝	24	233.33	7	294.78	−17	↓	−61.45	↓
栖霞建设	25	233.06	66	141.54	41	↑	91.52	↑
龙湖集团	26	231.81	24	233.55	−2	↓	−1.74	↓
旭辉控股集团	27	226.70	33	198.98	6	↑	27.73	↑
中国奥园	28	225.68	45	185.19	17	↑	40.49	↑
西藏城投	29	222.19	15	258.46	−14	↓	−36.27	↓
新黄浦	30	221.53	49	180.25	19	↑	41.28	↑
红星美凯龙	31	217.64	1	388.08	−30	↓	−170.44	↓
万科 A	32	215.75	34	195.77	2	↑	19.97	↑
信达地产	33	208.69	51	174.23	18	↑	34.45	↑
腾达建设	34	207.53	48	183.15	14	↑	24.39	↑
保利地产	35	202.89	38	193.16	3	↑	9.72	↑
中华企业	36	202.76	18	251.03	−18	↓	−48.26	↓
世茂股份	37	199.53	25	231.41	−12	↓	−31.88	↓
大龙地产	38	197.22	9	273.01	−29	↓	−75.79	↓
浦东建设	39	191.01	28	209.38	−11	↓	−18.37	↓
同济科技	40	183.78	54	171.36	14	↑	12.41	↑
大众交通	41	182.14	11	268.97	−30	↓	−86.84	↓
光大嘉宝	42	180.82	27	210.82	−15	↓	−30.00	↓
冠城大通	43	178.43	53	173.72	10	↑	4.71	↑
时代中国控股	44	175.34	36	194.12	−8	↓	−18.78	↓
鲁商发展	45	173.85	82	112.23	37	↑	61.62	↑
绿城中国	46	173.82	60	161.49	14	↑	12.33	↑
亚通股份	47	172.57	39	191.18	−8	↓	−18.61	↓
香江控股	48	172.27	26	217.63	−22	↓	−45.35	↓
外高桥	49	170.61	46	184.88	−3	↓	−14.27	↓
大名城	50	168.28	23	234.94	−27	↓	−66.66	↓
东湖高新	51	165.90	76	122.00	25	↑	43.90	↑
首开股份	52	163.94	43	187.78	−9	↓	−23.84	↓
蓝光发展	53	163.17	63	146.66	10	↑	16.51	↑
四川路桥	54	163.03	71	130.12	17	↑	32.91	↑
上实发展	55	160.19	37	193.95	−18	↓	−33.76	↓
苏州高新	56	160.09	31	207.76	−25	↓	−47.67	↓
中国恒大	57	159.07	44	187.23	−13	↓	−28.16	↓
碧桂园	58	154.35	58	164.76	0	−	−10.41	↓
苏交科	59	153.11	29	208.14	−30	↓	−55.04	↓
中国建筑	60	151.15	69	136.73	9	↑	14.42	↑
隧道股份	61	150.08	62	150.76	1	↑	−0.68	↓
中国电建	62	149.76	70	131.32	8	↑	18.44	↑
安徽建工	63	149.60	65	145.10	2	↑	4.51	↑
中国交建	64	149.25	67	140.18	3	↑	9.08	↑

续表

企业名称	2020		2016		2016—2020	变化	2016—2020	变化
	排名	得分	排名	得分	排名变化	方向	得分变化	方向
中国中冶	65	148.42	72	127.37	7	↑	21.05	↑
华建集团	66	146.00	68	139.57	2	↑	6.43	↑
中国中铁	67	143.93	78	121.35	11	↑	22.58	↑
葛洲坝	68	141.68	61	160.73	−7	↓	−19.05	↓
华夏幸福	69	141.52	41	188.75	−28	↓	−47.23	↓
城建发展	70	138.95	30	207.84	−40	↓	−68.89	↓
中国铁建	71	134.54	75	122.60	4	↑	11.94	↑
绿地控股	72	133.58	73	125.48	1	↑	8.10	↑
光明地产	73	132.03	50	175.61	−23	↓	−43.58	↓
上海建工	74	126.30	81	112.82	7	↑	13.48	↑
海泰发展	75	124.15	74	125.36	−1	↓	−1.21	↓
龙建股份	76	122.64	83	100.24	7	↑	22.40	↑
宁波建工	77	120.36	79	119.69	2	↑	0.67	↑
北辰实业	78	119.24	47	184.24	−31	↓	−65.00	↓
天地源	79	118.02	64	145.52	−15	↓	−27.50	↓
华远地产	80	116.95	57	166.68	−23	↓	−49.73	↓
中材国际	81	116.90	77	121.90	−4	↓	−5.00	↓
华丽家族	82	116.18	12	268.96	−70	↓	−152.79	↓
龙元建设	83	100.00	80	118.68	−3	↓	−18.68	↓

注：以企业 2020 年的指数得分排名为序。

首先，从指数排名变化情况看，该指标五年内的排名波动变化较大，反映出我国建筑类上市企业绩效水平起伏较大。当然造成这样现象的原因是非常复杂的，既包括企业本身的原因，也包括国家政策的原因。从表 5-4 中可以看到，2016 年绩效水平的十强企业，只有 4 家坚持到了 2020 年。同时，通过不同维度的二级指标横向比较，我们也发现，企业的绩效水平与金融支持水平和基础发展水平表现出明显的不匹配现象，即后面二者中处于上半区的企业，他们的企业绩效水平却表现非常一般，这也和常理不符。可以被解读为有着较强金融市场支持力度和较大体量规模的企业并未表现出与其相符的绩效水平，这对于以房地产企业为主的建筑类企业而言，也是值得深思的。

其次，从指数得分变化情况看，基本可以按企业市值进行粗略划分，即市值位于后半区的企业反而实现了较大幅度的平均提升，市值位于上半区的企业平均提升幅度则收缩很多。合生创展集团、南京高科、京投发展提升幅度都在 140 分以上，可以发现这一提升与其业务多元化、科技含量高等特质密不可分。

相对地，业务单一的企业则呈现出另一番景象，比如：红星美凯龙降幅超过170分、华丽家族降幅超过150分，显然是受到房地产市场总体发展空间受限的影响。

五、建筑企业金融风险治理水平指数得分排名变化

2016—2020年我国建筑企业金融风险治理水平指数得分及排名变化情况见表5-5，可以直观地观察到各建筑企业金融风险治理水平的变化趋势。

表5-5　建筑企业金融风险水平指数得分排名变化

企业名称	2020		2016		2016—2020	变化方向	2016—2020	变化方向
	排名	得分	排名	得分	排名变化		得分变化	
上海建工	1	238.69	19	245.38	18	↑	−6.69	↓
中国建筑	2	234.76	33	220.73	31	↑	14.02	↑
天地源	3	233.30	53	181.17	50	↑	52.13	↑
隧道股份	4	231.15	21	239.27	17	↑	−8.12	↓
华建集团	5	229.90	69	163.78	64	↑	66.12	↑
中国中铁	6	229.34	45	192.06	39	↑	37.28	↑
中国铁建	7	228.22	59	173.03	52	↑	55.19	↑
苏州高新	8	227.31	4	275.61	−4	↓	−48.30	↓
中国中冶	9	226.39	68	164.61	59	↑	61.78	↑
华远地产	10	225.44	18	246.61	8	↑	−21.17	↓
大众交通	11	224.75	64	167.24	53	↑	57.51	↑
浦东建设	12	224.71	7	259.88	−5	↓	−35.17	↓
卧龙地产	13	224.17	47	190.04	34	↑	34.13	↑
海泰发展	14	223.30	23	234.74	9	↑	−11.44	↓
光明地产	15	223.11	49	188.02	34	↑	35.09	↑
中国交建	16	222.39	63	169.17	47	↑	53.21	↑
北辰实业	17	220.42	11	254.80	−6	↓	−34.38	↓
城建发展	18	220.25	41	204.52	23	↑	15.74	↑
四川路桥	19	220.25	3	278.66	−16	↓	−58.41	↓
华发股份	20	219.65	73	145.56	53	↑	74.09	↑
同济科技	21	219.34	58	173.11	37	↑	46.23	↑
首开股份	22	219.31	40	205.66	18	↑	13.65	↑
新湖中宝	23	215.38	30	224.78	7	↑	−9.40	↓
香江控股	24	214.81	46	191.34	22	↑	23.47	↑
中华企业	25	214.55	70	162.16	45	↑	52.39	↑
南京高科	26	214.31	24	233.16	−2	↓	−18.85	↓
长实集团	27	213.81	17	247.96	−10	↓	−34.15	↓
中国电建	28	213.81	31	222.51	3	↑	−8.70	↓

续表

企业名称	2020		2016		2016—2020	变化方向	2016—2020	变化方向
	排名	得分	排名	得分	排名变化		得分变化	
中国国贸	29	213.47	35	219.35	6	↑	-5.88	↓
安徽建工	30	213.38	27	228.21	-3	↓	-14.84	↓
冠城大通	31	213.05	16	248.03	-15	↓	-34.98	↓
万科 A	32	212.92	50	183.66	18	↑	29.26	↑
葛洲坝	33	212.36	38	213.21	5	↑	-0.85	↓
浦东金桥	34	211.56	79	121.64	45	↑	89.92	↑
新城控股	35	211.33	72	152.62	37	↑	58.70	↑
中材国际	36	210.62	34	219.86	-2	↓	-9.25	↓
陆家嘴	37	208.11	20	242.60	-17	↓	-34.49	↓
保利地产	38	207.66	22	236.87	-16	↓	-29.21	↓
红星美凯龙	39	206.65	55	174.90	16	↑	31.75	↑
龙湖集团	40	206.34	12	254.24	-28	↓	-47.90	↓
华润置地	41	206.29	26	229.08	-15	↓	-22.79	↓
蓝光发展	42	205.79	75	138.69	33	↑	67.10	↑
碧桂园	43	204.77	2	281.82	-41	↓	-77.05	↓
城投控股	44	203.44	76	138.49	32	↑	64.95	↑
亚通股份	45	203.19	78	126.59	33	↑	76.60	↑
华夏幸福	46	202.23	15	248.37	-31	↓	-46.14	↓
雅居乐集团	47	202.10	10	256.87	-37	↓	-54.77	↓
深圳控股	48	201.05	9	257.08	-39	↓	-56.03	↓
大名城	49	200.78	61	169.92	12	↑	30.86	↑
信达地产	50	198.47	65	167.18	15	↑	31.29	↑
宋都股份	51	198.07	74	139.56	23	↑	58.51	↑
外高桥	52	196.70	43	194.74	-9	↓	1.96	↑
上实发展	53	196.30	48	189.02	-5	↓	7.28	↑
栖霞建设	54	194.11	83	100.00	29	↑	94.11	↑
苏交科	55	194.07	80	121.25	25	↑	72.83	↑
大龙地产	56	191.08	25	231.69	-31	↓	-40.62	↓
京投发展	57	190.79	28	227.19	-29	↓	-36.40	↓
龙元建设	58	189.97	82	110.56	24	↑	79.41	↑
西藏城投	59	189.07	44	193.88	-15	↓	-4.82	↓
华丽家族	60	188.48	62	169.51	2	↑	18.97	↑
金地集团	61	188.16	42	195.90	-19	↓	-7.74	↓
龙光集团	62	187.91	13	248.96	-49	↓	-61.05	↓
世茂股份	63	187.81	6	261.30	-57	↓	-73.50	↓
市北高新	64	186.69	81	120.06	17	↑	66.63	↑
腾达建设	65	184.92	36	216.89	-29	↓	-31.96	↓
融创中国	66	184.47	67	165.40	1	↑	19.08	↑
时代中国控股	67	179.65	5	271.26	-62	↓	-91.61	↓
东湖高新	68	179.61	66	166.49	-2	↓	13.12	↑

续表

企业名称	2020		2016		2016—2020	变化方向	2016—2020	变化方向
	排名	得分	排名	得分	排名变化		得分变化	
新黄浦	69	178.25	32	221.66	−37	↓	−43.41	↓
旭辉控股集团	70	177.24	14	248.58	−56	↓	−71.34	↓
合生创展集团	71	176.13	8	259.58	−63	↓	−83.45	↓
电子城	72	175.53	57	173.29	−15	↓	2.24	↑
中国奥园	73	172.67	1	294.09	−72	↓	−121.42	↓
万通发展	74	170.73	56	174.77	−18	↓	−4.04	↓
宝龙地产	75	166.38	39	205.85	−36	↓	−39.47	↓
宁波建工	76	165.69	77	135.73	1	↑	29.96	↑
光大嘉宝	77	165.49	60	170.54	−17	↓	−5.04	↓
绿城中国	78	156.99	54	177.79	−24	↓	−20.80	↓
龙建股份	79	156.42	71	155.04	−8	↓	1.38	↑
绿地控股	80	156.37	37	214.48	−43	↓	−58.11	↓
鲁商发展	81	133.48	51	183.10	−30	↓	−49.61	↓
中国恒大	82	124.70	29	225.04	−53	↓	−100.34	↓
格力地产	83	100.00	52	181.63	−31	↓	−81.63	↓

注：以企业 2020 年的指数得分排名为序。

首先，从指数排名变化情况看，企业排名也呈现出剧烈波动的特点，2016年排名前 10 位的企业只有 1 家跻身 2020 年前 10 位，2020 年排名前 10 的企业，其平均提升幅度达到 30 名以上，如果把考察样本扩大到前 20 位，相关企业的平均提升幅度也处于两位数的高位。进一步分析，在金融支持水平中排名靠前的中国恒大、绿地控股等企业，其金融风险治理水平排名几乎垫底。我们从指数得分中已清晰地预见了中国恒大等的风险治理危机，其现实中的经营困局与债务风险并非没有预兆，当然，也从另一个侧面反映出本指数编制具备一定的客观性和合理性。此外，以"中国七建"等为代表的国企、央企，虽然在绩效水平中排名并不出彩，但其金融风险治理水平始终保持高位，考虑到其融资渠道、经营范围与信用背书，资本市场中良好的风险管理能力是有充分依托的。

其次，从指数得分变化情况看，就平均水平而言，我国建筑企业的金融风险水平的内部差异是持续走低的。在五个指标当中，该指标的收敛程度最高，一定程度上说明建筑企业自身对于金融风险的警惕性，对于金融风险的防范是贯穿企业经营过程的，但个别企业其金融风险上升的速度还是惊人的，比如：中国恒大下降超过 100 分，中国奥园下降超过 120 分，格力地产下降超过 80

分。在金融风险水平总体向均值收敛的情况下"逆势上扬"，结合这些企业在其他指标上的表现，是足够引起投资者重视的。

六、微观建筑金融综合指数得分排名变化

2015—2019年我国建筑企业建筑金融综合指数得分及排名变化情况见表5-6，可以直观地观察到各建筑企业建筑金融综合指数的变化趋势。

表5-6　微观建筑金融综合指数得分排名变化

企业名称	2020		2016		2016—2020	变化	2016—2020	变化
	排名	得分	排名	得分	排名变化	方向	得分变化	方向
中国建筑	1	574.05	1	599.68	0	−	−25.63	↓
中国中铁	2	391.64	3	417.37	1	↑	−25.73	↓
中国铁建	3	375.88	4	407.32	1	↑	−31.44	↓
中国恒大	4	363.77	2	431.07	−2	↓	−67.30	↓
中国交建	5	358.84	5	394.23	0	−	−35.38	↓
万科A	6	351.70	8	320.89	2	↑	30.81	↑
碧桂园	7	348.12	11	289.02	4	↑	59.11	↑
融创中国	8	323.20	20	212.27	12	↑	110.93	↑
保利地产	9	318.01	10	290.43	1	↑	27.58	↑
绿地控股	10	300.09	6	342.64	−4	↓	−42.55	↓
华润置地	11	283.05	12	276.85	1	↑	6.20	↑
中国电建	12	281.85	9	298.53	−3	↓	−16.67	↓
龙湖集团	13	274.11	14	235.42	1	↑	38.69	↑
新城控股	14	268.28	49	171.17	35	↑	97.11	↑
合生创展集团	15	259.29	16	219.15	1	↑	40.14	↑
长实集团	16	251.61	7	327.81	−9	↓	−76.20	↓
龙光集团	17	243.02	21	209.34	4	↑	33.68	↑
中国奥园	18	241.83	30	192.44	12	↑	49.39	↑
中国中冶	19	241.18	13	252.94	−6	↓	−11.76	↓
雅居乐集团	20	229.02	22	207.57	2	↑	21.45	↑
金地集团	21	228.00	23	206.93	2	↑	21.06	↑
旭辉控股集团	22	223.41	28	195.23	6	↑	28.18	↑
华发股份	23	220.83	42	175.05	19	↑	45.78	↑
陆家嘴	24	213.43	27	195.30	3	↑	18.13	↑
上海建工	25	210.12	18	214.43	−7	↓	−4.32	↓
宝龙地产	26	209.38	32	190.17	6	↑	19.21	↑
南京高科	27	207.88	40	177.51	13	↑	30.38	↑
华夏幸福	28	206.55	15	219.94	−13	↓	−13.39	↓
时代中国控股	29	203.27	29	192.56	0	−	10.70	↑
首开股份	30	200.30	24	202.76	−6	↓	−2.46	↓

企业名称	2020		2016		2016—2020	变化	2016—2020	变化
	排名	得分	排名	得分	排名变化	方向	得分变化	方向
绿城中国	31	192.96	35	184.75	4	↑	8.22	↑
深圳控股	32	192.08	25	200.29	-7	↓	-8.21	↓
京投发展	33	190.17	50	170.87	17	↑	19.30	↑
蓝光发展	34	189.77	65	158.34	31	↑	31.43	↑
四川路桥	35	186.36	33	188.60	-2	↓	-2.24	↓
葛洲坝	36	185.54	19	213.76	-17	↓	-28.23	↓
卧龙地产	37	184.54	74	146.97	37	↑	37.58	↑
新湖中宝	38	180.70	17	216.03	-21	↓	-35.34	↓
浦东金桥	39	180.29	64	158.89	25	↑	21.40	↑
电子城	40	178.97	46	172.05	6	↑	6.92	↑
同济科技	41	177.54	70	151.07	29	↑	26.46	↑
中国国贸	42	174.10	37	179.89	-5	↓	-5.79	↓
隧道股份	43	173.35	38	178.10	-5	↓	-4.74	↓
城投控股	44	171.90	51	170.50	7	↑	1.40	↑
安徽建工	45	166.91	57	164.59	12	↑	2.32	↑
信达地产	46	166.25	47	171.63	1	↑	-5.38	↓
中华企业	47	166.15	41	175.24	-6	↓	-9.08	↓
红星美凯龙	48	166.05	26	200.19	-22	↓	-34.14	↓
宋都股份	49	165.15	73	147.73	24	↑	17.42	↑
城建发展	50	160.67	39	177.66	-11	↓	-16.99	↓
栖霞建设	51	160.62	83	131.51	32	↑	29.11	↑
世茂股份	52	160.44	31	191.07	-21	↓	-30.63	↓
腾达建设	53	158.83	63	159.04	10	↑	-0.21	↓
浦东建设	54	157.46	48	171.39	-6	↓	-13.93	↓
鲁商发展	55	157.45	58	164.26	3	↑	-6.81	↓
东湖高新	56	156.36	69	152.38	13	↑	3.98	↑
市北高新	57	155.89	79	144.13	22	↑	11.76	↑
天地源	58	153.18	66	154.98	8	↑	-1.80	↓
大众交通	59	152.13	62	159.18	3	↑	-7.05	↓
中材国际	60	151.45	61	160.76	1	↑	-9.31	↓
上实发展	61	151.00	56	166.91	-5	↓	-15.92	↓
新黄浦	62	150.62	67	153.16	5	↑	-2.54	↓
外高桥	63	150.56	59	163.82	-4	↓	-13.26	↓
苏州高新	64	150.11	36	181.90	-28	↓	-31.79	↓
冠城大通	65	148.92	53	168.95	-12	↓	-20.03	↓
万通发展	66	148.90	68	152.75	2	↑	-3.84	↓
香江控股	67	148.76	60	161.86	-7	↓	-13.11	↓
华建集团	68	147.43	72	148.22	4	↑	-0.79	↓
西藏城投	69	146.72	55	168.88	-14	↓	-22.15	↓
华远地产	70	146.61	45	172.11	-25	↓	-25.50	↓

续表

企业名称	2020		2016		2016—2020	变化方向	2016—2020	变化方向
	排名	得分	排名	得分	排名变化		得分变化	
大名城	71	145.92	43	174.73	-28	↓	-28.81	↓
光明地产	72	145.39	54	168.92	-18	↓	-23.53	↓
亚通股份	73	145.25	82	136.88	9	↑	8.36	↑
苏交科	74	145.17	78	144.27	4	↑	0.91	↑
大龙地产	75	144.24	44	172.59	-31	↓	-28.35	↓
格力地产	76	143.16	52	169.95	-24	↓	-26.79	↓
北辰实业	77	143.10	34	187.23	-43	↓	-44.13	↓
光大嘉宝	78	142.43	71	148.79	-7	↓	-6.36	↓
龙元建设	79	140.70	81	137.46	2	↑	3.24	↑
龙建股份	80	137.63	75	146.26	-5	↓	-8.63	↓
宁波建工	81	137.38	80	140.85	-1	↓	-3.47	↓
海泰发展	82	133.20	76	145.75	-6	↓	-12.55	↓
华丽家族	83	128.31	77	145.09	-6	↓	-16.78	↓

注：以企业2020年的指数得分排名为序。

首先需要强调的是，建筑金融综合指数提供了一个考察我国建筑企业在整体行业中所处的金融发展地位和表现情况的指标，但这一综合指数如果结合5个分指标的得分分布情况，将获得相关企业更为完整的印象。实现排名跃升的企业中，较引人关注的是新城控股提升35位、卧龙地产提升37位，融创中国能够在前20位中实现12位的提升也值得关注。

其次，从指数得分变化情况看，总体上减多增少，提示多数企业在金融市场的号召力是有所减弱的，建筑企业间的差距小幅收敛，头部企业虽然仍维持着较为明显的优势，但考虑到行业整体发展趋势，这种优势有可能继续减弱。

第二节　中国微观建筑金融二级指数间的相互关系

我们进一步对二级指数的相互关联性进行分析，这有利于我们深入了解我国建筑金融指数的内部结构。5个二级指标在指数观测期内表现出什么样的相互影响和相互作用，对于我们从整体到局部、从静态到动态去了解中国建筑行业的金融全貌至关重要（见表5-7）。

表5-7　中国微观建筑金融二级指数间的相互关系

	F	S	D	P	R
2016					
	F	S	D	P	R
F	1.00				
S	0.30	1.00			
D	0.81	0.25	1.00		
P	−0.16	−0.64	−0.28	1.00	
R	0.17	0.14	0.06	0.05	1.00
2017					
	F	S	D	P	R
F	1.00				
S	0.36	1.00			
D	0.81	0.20	1.00		
P	−0.01	0.36	−0.18	1.00	
R	−0.14	−0.36	0.04	−0.05	1.00
2018					
	F	S	D	P	R
F	1.00				
S	0.44	1.00			
D	0.85	0.26	1.00		
P	0.06	0.39	−0.14	1.00	
R	−0.08	−0.38	0.09	−0.18	1.00
2019					
	F	S	D	P	R
F	1.00				
S	0.37	1.00			
D	0.84	0.22	1.00		
P	1.00	0.37	0.84	1.00	
R	0.26	0.07	0.30	0.26	1.00
2020					
	F	S	D	P	R
F	1.00				
S	0.31	1.00			
D	0.84	0.19	1.00		
P	−0.09	0.30	−0.20	1.00	
R	0.03	−0.14	0.18	−0.21	1.00

通过透视各年度二级指数间的相关系数，可以发现：（1）综合历年情况，建筑企业金融支持水平指数与建筑企业基础发展水平指数之间（F—D）出现了最为显著的正相关关系，且在各年度都维持在0.8以上的水平。说明对资本

市场来说，建筑企业基础发展水平仍然是判断其投资价值最具参考价值的指标，基础发展水平指数综合了企业规模、综合实力、企业性质等关键信息，在理论和实践层面都是评估企业发展趋势的重要抓手。（2）建筑企业金融支持水平指数与建筑企业资本可持续水平指数之间（F—S）、建筑企业资本可持续水平指数与建筑企业绩效水平指数之间（S—P）、建筑企业资本可持续水平指数与建筑企业基础发展水平指数之间（S—D）历年基本维持在 0.2～0.4 的弱相关关系。理论上看，这三对关系理应更为紧密，数据分析的结果可能更多地反映出中国资本市场尚在完善过程中、建筑行业仍在快速转型期导致市场信息不对称更为突出，从而造成建筑金融市场相对割裂的现状。（3）其他如建筑企业金融支持水平指数与建筑企业绩效水平指数之间（F—P）、建筑企业金融支持水平指数与建筑企业金融风险水平指数之间（F—R）的关系十分微弱，且呈现相当小的波动。建筑企业基础发展水平指数与建筑企业金融风险水平指数之间（D—R）、建筑企业绩效水平指数与建筑企业金融风险水平指数（P—R）的相关关系仍相对较弱，但有逐渐走强之势。（4）关注几个特殊年份：2016 年，建筑企业资本可持续水平指数与建筑企业绩效水平指数之间（S—P）呈显著负相关关系；2017—2018 年，建筑企业资本可持续水平指数与建筑企业金融风险水平指数之间（S—R）呈现较弱的负相关关系，这让我们对转型期的中国建筑金融市场的复杂性与特殊性有了更为深刻的认识。

第三节　中国微观建筑金融综合指数中的企业表现

进一步分析各个二级指数中表现优异的头部建筑企业及其相对优势与形成经验，可能对于其他建筑企业审视自身发展状况并有的放矢地形成更具针对性、可行性的对策是有所裨益的。基于此，本章分别将每个二级指数及综合指数中排名前 10 的企业抽取出来，分析其建筑金融发展的相对优势与发展态势。具体见图 5-1 至图 5-6。

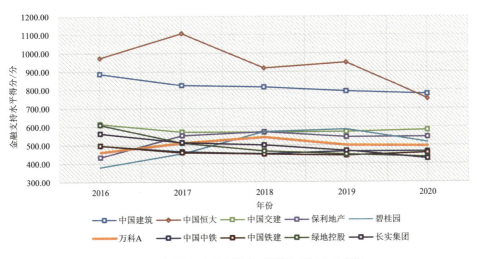

图5-1 建筑企业金融支持水平指数头部10企业走势

由图 5-1 可知，就建筑企业金融支持水平指数而言，从头部前 10 的企业表现来看，首先，中国建筑和中国恒大的相对优势比较明显，但是总体上其他建筑企业与它们的差距在逐年缩小，中国恒大五年间经历了比较剧烈的波动，并于 2020 年被中国建筑超越。其次，从变化趋势来讲，其他 8 家企业总体上比较平稳，较为引人注目的是碧桂园，2016—2018 年上升幅度十分明显，2019 年仍呈上升态势，坡度趋缓，升至第 3 位，2020 年稍有回落。另一个重要的事实是，头部企业中大部分是公有股份制企业。

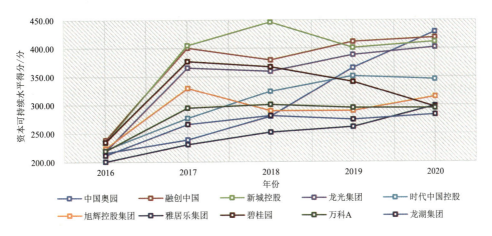

图5-2 建筑企业资本可持续水平指数头部10企业走势

由图 5-2 可知，就建筑企业资本可持续水平指数而言，从头部前 10 企业的表现来看，首先，并没有哪家企业形成明显优势，总体上都实现了较大幅度的增长，但波动性同样十分剧烈。其次，从变化趋势来讲，最引人注目的是中国奥园，2016—2020 年保持了显著的提升幅度，2020 年升至第 1 位。碧桂园的"过山车"式的发展轨迹同样令人印象深刻，经历 2016 的急剧成长之后，2017—2020 年又快速回落；此外，新城控股 2016—2018 年发展规模迅速扩张，在与其他企业拉开一定距离之后又渐趋回落。

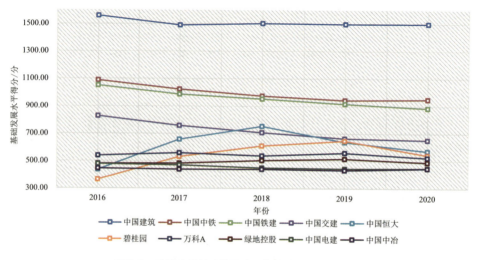

图5-3　建筑企业基础发展水平指数头部10企业走势

由图 5-3 可知，就建筑企业基础发展水平指数而言，从头部前 10 企业的表现来看，首先，"国家队"的表现可谓当仁不让，中国建筑一骑绝尘，领先优势巨大，中国中铁与中国铁建稳居次席，三者与中国交建等国企一起，构成了相当同步的发展趋势。其次，从变化趋势来讲，企业间的相对差距呈现渐趋收敛的态势，最大的波动来自中国恒大和碧桂园，二者的发展轨迹也相当重合，倒 U 曲线的拐点都出现在 2018—2019 年。

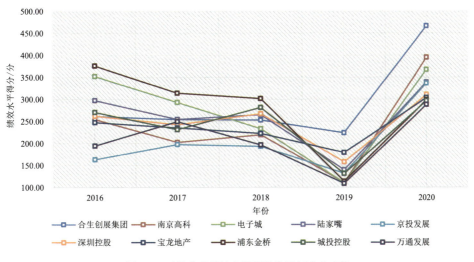

图5-4　建筑企业绩效水平指数头部10企业走势

由图 5-4 可知，就建筑企业绩效水平指数而言，从头部前 10 企业的表现来看，首先，排名前 10 企业的相对差距逐年缩小，合生创展集团的发展速度最为迅速，2019 年和 2020 年相对其他企业已表现出了明显优势。其次，从变化趋势来看，2016—2018 年，企业间绩效水平的表现并不稳定，且 2018 年和 2019 年集体出现了下滑，不过至 2020 年又集体实现了一定幅度的提升。此外，必须注意的是，所谓头部企业，并未有任何一家"明星企业"上榜，说明我国建筑业龙头企业的绩效水平仍有较大改进空间。

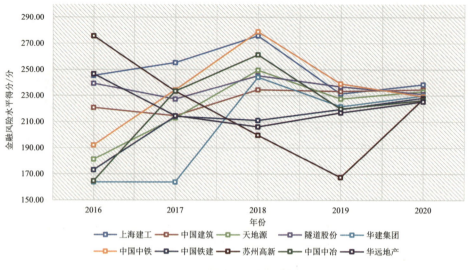

图5-5　建筑企业金融风险水平指数头部10企业走势

由图 5-5 可知，就建筑企业金融风险水平指数而言，从头部前 10 企业的表现来看，首先，"国家队"以强大的基础发展水平为依托，在绩效水平并不突出的情况下，其风险治理能力均表现出一定的优势。相较上述四图，企业金融风险水平显示出相对差距明显缩小。其次，从变化趋势来讲，不同于其他二级指标，该指标上多数企业保持了相当一致的发展轨迹，这可能归因于中国整体金融市场风险水平的变化对大多数建筑企业影响显著。

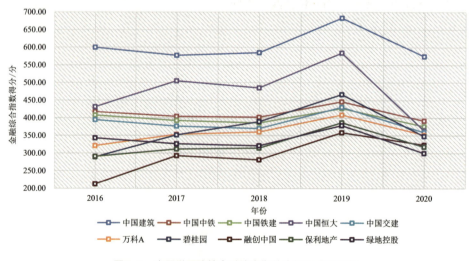

图5-6　中国微观建筑金融综合指数头部10企业走势

由图 5-6 可知，就中国微观建筑金融综合指数而言，从头部前 10 企业的表现来看，首先，国有控股的中国建筑相对于其他企业的优势呈明显扩大趋势，中国恒大在 2016—2019 年急剧成长，又在 2020 年快速回落，碧桂园虽然成长幅度不如中国恒大，但二者发展轨迹相当一致。其次，从变化趋势来讲，除中国恒大与碧桂园波动幅度相对明显之外，其余 8 家企业的变化趋势其实相当一致，再次印证作为金融市场的一部分，建筑金融的发展水平很大程度上受到中国金融市场的整体发展水平的制约。

第四节　中国微观建筑金融综合指数中的要素贡献

上文已经探讨了构成中国微观建筑金融综合指数的 5 个二级指数间的关联性，考虑到在二级指数下面，共涉及三级指标 45 个，在数据处理过程中我们也观察到，不同三级指标对于所属二级指标的贡献度是有明显差异的。相应地，各三级指标对于总指数的贡献度也会存在差异。本部分将分析不同时间段对于微观建筑金融综合指数贡献最大的三级指标要素。将视角投向这些更为具体的变量要素，有助于我们逐层深入及细节化地审视我国建筑金融发展形势。具体方法是通过各个三级指标与规模总指数间的 R 平方值大小得出排名前 10 的贡献要素，结果详见表 5-8 至表 5-12。

表5-8　2016年中国微观建筑金融综合指数中排名前10的贡献要素

要素名称	R^2	要素名称	R^2
全部投入资本 F3	0.92	股票已发行量 D1	0.79
息税前利润（TTM 反推法）D8	0.83	留存收益 F1	0.77
营业总收入（TTM）D5	0.83	利润总额（TTM）D9	0.76
净利润（TTM）D6	0.82	经营活动净收益（TTM）D4	0.73
总市值 D2	0.79	营运资本 F2	0.68

表5-9　2017年中国微观建筑金融综合指数中排名前10的贡献要素

要素名称	R^2	要素名称	R^2
全部投入资本 F3	0.89	留存收益 F1	0.76
净利润（TTM）D6	0.84	经营活动净收益（TTM）D4	0.75
息税前利润（TTM 反推法）D8	0.83	营业总收入（TTM）D5	0.75
总市值 D2	0.81	股票已发行量 D1	0.74
利润总额（TTM）D9	0.77	扣除非经常性损益后的净利润（TTM）D7	0.71

表5-10　2018年中国微观建筑金融综合指数中排名前10的贡献要素

要素名称	R^2	要素名称	R^2
全部投入资本 F3	0.92	留存收益 F1	0.78
总市值 D2	0.84	息税前利润（TTM 反推法）D8	0.78
净利润（TTM）D6	0.82	股票已发行量 D1	0.76
营业总收入（TTM）D5	0.81	利润总额（TTM）D9	0.73
扣除非经常性损益后的净利润（TTM）D7	0.80	经营活动净收益（TTM）D4	0.71

表5-11　2019年中国微观建筑金融综合指数中排名前10的贡献要素

要素名称	R^2	要素名称	R^2
全部投入资本 F3	0.95	扣除非经常性损益后的净利润（TTM）D7	0.78
净利润（TTM）D6	0.83	利润总额（TTM）D9	0.77
息税前利润（TTM 反推法）D8	0.83	总市值 D2	0.75
营业总收入（TTM）D5	0.79	经营活动净收益（TTM）D4	0.75
留存收益 F1	0.79	股票已发行量 D1	0.73

表5-12　2020年中国微观建筑金融综合指数中排名前10的贡献要素

要素名称	R^2	要素名称	R^2
全部投入资本 F3	0.86	留存收益 F1	0.79
净利润（TTM）D6	0.83	经营活动净收益（TTM）D4	0.77
息税前利润（TTM 反推法）D8	0.81	利润总额（TTM）D9	0.76
扣除非经常性损益后的净利润（TTM）D7	0.81	股票已发行量 D1	0.73
营业总收入（TTM）D5	0.81	总市值 D2	0.65

　　通过对2016—2020年中国微观建筑金融综合指数年度前10的贡献要素的分析，可以明显地发现以下几个特点：首先，建筑金融指数的主要贡献要素来自金融支持水平指数与基础发展水平指数，这两个二级指标中关键要素的变化决定了中国建筑业发展的总体水平。其次，每年入选的具体要素虽有变动，但是建筑企业基础发展水平指数构成指标都能稳定地贡献至少8个要素，可见，建筑企业的资本市场总市值、收入、利润等综合实力是主导其金融发展水平的主要要素。最后，金融支持水平指数的构成要素虽然在数量上不占优势，但是其中的全部资本投入长期占据要素贡献的榜首位置，留存收益也经常性地出现，这两个指标对于建筑企业的金融发展水平起着至关重要的作用。

附　录

微观建筑金融指数编制入选企业

序号	证券代码	证券简称	公司属性	所属证监会行业名称
1	600533.SH	栖霞建设	地方国有企业	房地产业
2	600246.SH	万通发展	民营企业	房地产业
3	3900.HK	绿城中国	公众企业	其他
4	0960.HK	龙湖集团	民营企业	综合
5	600639.SH	浦东金桥	地方国有企业	房地产业
6	3883.HK	中国奥园	民营企业	房地产业
7	601186.SH	中国铁建	中央国有企业	建筑业
8	603887.SH	城地香江	民营企业	信息传输、软件和信息技术服务业
9	600162.SH	香江控股	民营企业	房地产业
10	1113.HK	长实集团	外资企业	其他
11	600491.SH	龙元建设	民营企业	建筑业
12	601800.SH	中国交建	中央国有企业	建筑业
13	601789.SH	宁波建工	地方国有企业	建筑业
14	600007.SH	中国国贸	外资企业	房地产业
15	600048.SH	保利地产	中央国有企业	房地产业
16	600082.SH	海泰发展	地方国有企业	房地产业
17	1238.HK	宝龙地产	外资企业	房地产业
18	601588.SH	北辰实业	地方国有企业	房地产业
19	3383.HK	雅居乐集团	民营企业	房地产业
20	1528.HK	红星美凯龙	民营企业	租赁和商务服务业
21	601390.SH	中国中铁	中央国有企业	建筑业
22	0754.HK	合生创展集团	民营企业	房地产业
23	600466.SH	蓝光发展	民营企业	房地产业
24	600658.SH	电子城	地方国有企业	房地产业
25	601611.SH	中国核建	中央国有企业	建筑业
26	601669.SH	中国电建	中央国有企业	建筑业
27	600641.SH	万业企业	民营企业	房地产业
28	600185.SH	格力地产	地方国有企业	房地产业
29	600649.SH	城投控股	地方国有企业	房地产业
30	600208.SH	新湖中宝	民营企业	房地产业
31	600846.SH	同济科技	地方国有企业	建筑业
32	600823.SH	世茂股份	外资企业	房地产业
33	600606.SH	绿地控股	公众企业	房地产业
34	600611.SH	大众交通	其他企业	交通运输、仓储和邮政业
35	600604.SH	市北高新	地方国有企业	房地产业
36	600325.SH	华发股份	地方国有企业	房地产业

续表

序号	证券代码	证券简称	公司属性	所属证监会行业名称
37	300517.SZ	海波重科	民营企业	建筑业
38	600675.SH	中华企业	地方国有企业	房地产业
39	1233.HK	时代中国控股	民营企业	房地产业
40	600657.SH	信达地产	中央国有企业	房地产业
41	600791.SH	京能置业	地方国有企业	房地产业
42	600512.SH	腾达建设	民营企业	建筑业
43	600170.SH	上海建工	地方国有企业	建筑业
44	600820.SH	隧道股份	地方国有企业	建筑业
45	600939.SH	重庆建工	地方国有企业	建筑业
46	600502.SH	安徽建工	地方国有企业	建筑业
47	600629.SH	华建集团	地方国有企业	科学研究和技术服务业
48	600648.SH	外高桥	地方国有企业	批发和零售业
49	600503.SH	华丽家族	民营企业	房地产业
50	601618.SH	中国中冶	中央国有企业	建筑业
51	300284.SZ	苏交科	民营企业	科学研究和技术服务业
52	603843.SH	正平股份	民营企业	建筑业
53	600039.SH	四川路桥	地方国有企业	建筑业
54	600064.SH	南京高科	地方国有企业	房地产业
55	600736.SH	苏州高新	地方国有企业	房地产业
56	600133.SH	东湖高新	地方国有企业	建筑业
57	600970.SH	中材国际	中央国有企业	建筑业
58	0604.HK	深圳控股	地方国有企业	房地产业
59	1109.HK	华润置地	中央国有企业	房地产业
60	600094.SH	大名城	外资企业	房地产业
61	600052.SH	浙江广厦	地方国有企业	文化、体育和娱乐业
62	600223.SH	鲁商发展	地方国有企业	房地产业
63	600173.SH	卧龙地产	民营企业	房地产业
64	600895.SH	张江高科	地方国有企业	房地产业
65	600266.SH	城建发展	地方国有企业	房地产业
66	3333.HK	中国恒大	外资企业	房地产业
67	600376.SH	首开股份	地方国有企业	房地产业
68	2007.HK	碧桂园	民营企业	房地产业
69	600683.SH	京投发展	地方国有企业	房地产业
70	600622.SH	光大嘉宝	中央国有企业	房地产业
71	600684.SH	珠江股份	地方国有企业	房地产业
72	600663.SH	陆家嘴	地方国有企业	房地产业
73	600692.SH	亚通股份	地方国有企业	房地产业
74	600708.SH	光明地产	地方国有企业	房地产业
75	600322.SH	天房发展	地方国有企业	房地产业
76	600665.SH	天地源	地方国有企业	房地产业
77	0884.HK	旭辉控股集团	民营企业	房地产业

续表

序号	证券代码	证券简称	公司属性	所属证监会行业名称
78	600748.SH	上实发展	地方国有企业	房地产业
79	000002.SZ	万科 A	公众企业	房地产业
80	601155.SH	新城控股	民营企业	房地产业
81	600159.SH	大龙地产	地方国有企业	房地产业
82	600743.SH	华远地产	地方国有企业	房地产业
83	600638.SH	新黄浦	地方国有企业	房地产业
84	600067.SH	冠城大通	外资企业	房地产业
85	600773.SH	西藏城投	地方国有企业	房地产业
86	600340.SH	华夏幸福	民营企业	房地产业
87	600284.SH	浦东建设	地方国有企业	建筑业
88	3380.HK	龙光集团	民营企业	房地产业
89	1918.HK	融创中国	外资企业	其他
90	600383.SH	金地集团	公众企业	房地产业
91	601668.SH	中国建筑	中央国有企业	建筑业
92	600853.SH	龙建股份	地方国有企业	建筑业
93	600077.SH	宋都股份	民营企业	房地产业
94	600068.SH	葛洲坝	中央国有企业	建筑业